Ao lado dos pobres

Gerhard Ludwig Müller
Gustavo Gutiérrez

Ao lado
dos pobres

Teologia da Libertação

Prefácio à edição brasileira:
Agenor Brighenti

Dados Internacionais de Catalogação na Publicação (CIP)
(Câmara Brasileira do Livro, SP, Brasil)

Gutiérrez, Gustavo, 1928
   Ao lado dos pobres : Teologia da Libertação / Gustavo Gutiérrez,
Gerhard Ludwig Müller ; [tradução Paulo F. Valério]. – São Paulo :
Paulinas, 2014. – (Coleção teorama)

   Título original: An der Seite der Armen : Theologie der Befreiung
   ISBN 978-85-356-3695-6

   1. Igreja e pobres   2. Igreja e problemas sociais   3. Teologia da
Libertação   I. Müller, Gerhard Ludwig.   II. Título.   III. Série.

13-14065   CDD-261.8

Índice para catálogo sistemático:
1. Teologia da Libertação : Cristianismo 261.8

1ª edição – 2014
1ª reimpressão – 2017

Título original: *An der Seite der Armen. Theologie der Befreiung.*
© Sankt Ulrich Verlag GrubH, Augsburg

Direção-geral: Bernadete Boff

Conselho editorial: Dr. Afonso M. L. Soares
Dr. Antonio Francisco Lelo
Me. Luzia M. de Oliveira Sena
Maria Goretti de Oliveira
Dr. Matthias Grenzer
Dra. Vera Ivanise Bombonatto

Editores responsáveis: Vera Ivanise Bombonatto e
Afonso M. L. Soares
Tradução: Paulo F. Valério
Copidesque: Ana Cecília Mari
Coordenação de revisão: Marina Mendonça
Revisão: Ruth Mitzue Kluska
Gerente de produção: Felício Calegaro Neto
Projeto gráfico: Manuel Rebelato Miramontes
Editoração eletrônica: Jéssica Diniz Souza

Nenhuma parte desta obra poderá ser reproduzida ou transmitida
por qualquer forma e/ou quaisquer meios (eletrônico ou mecânico,
incluindo fotocópia e gravação) ou arquivada em qualquer sistema ou
banco de dados sem permissão escrita da Editora. Direitos reservados.

Paulinas
Rua Dona Inácia Uchoa, 62
04110-020 – São Paulo – SP (Brasil)
Tel.: (11) 2125-3500
http://www.paulinas.org.br – editora@paulinas.com.br
Telemarketing e SAC: 0800-7010081
© Pia Sociedade Filhas de São Paulo – São Paulo, 2014

Sumário

Prefácio à edição brasileira 7
AGENOR BRIGHENTI

Prefácio à edição alemã 17
JOSEF SAYER

I. Teologia: uma tarefa eclesial 25
GUSTAVO GUTIÉRREZ

II. Experiência libertadora: estímulo para a teologia europeia.................39
GERHARD LUDWIG MÜLLER

III. Situação e tarefas da Teologia da Libertação 61
GUSTAVO GUTIÉRREZ

IV. A controvérsia em torno da Teologia da Libertação 83
GERHARD LUDWIG MÜLLER

V. Onde dormirão os pobres.. 111
GUSTAVO GUTIÉRREZ

VI. O futuro comum da Igreja: solidariedade em Cristo 161
GERHARD LUDWIG MÜLLER

Prefácio à edição brasileira

Itinerário de uma ousadia que continua fazendo caminho

"Estes são os que vêm chegando da grande tribulação" (Ap 7,14). Assim Leonardo Boff iniciou sua conferência no recente Congresso Continental de Teologia, realizado em outubro de 2012, em São Leopoldo, RS, no contexto dos 50 anos do Vaticano II e dos 40 anos da Teologia da Libertação. Dentre os sobreviventes da primeira hora, também tiveram participação Jon Sobrino, notificado pela Congregação para a Doutrina da Fé às vésperas da Conferência de Aparecida, e o pioneiro desta ousadia que continua fazendo caminho, Gustavo Gutiérrez, homenageado especial.

Na ocasião, foram aclamados "presentes!" pela grande assembleia reunida outros teólogos da libertação, que já "lavaram e alvejaram suas vestes no sangue do Cordeiro" (Ap 7,14): Richard Shaull, Juan Luis Segundo, Hugo Assmann, Ignacio Ellacuría, Ronaldo Muñoz,

José Comblin, Milton Schwantes, Carmelita de Freitas, Toninho Aparecido, Segundo Galilea, Federico Carrasquilla, entre outros. Como uma teologia profundamente enraizada nas práticas proféticas das comunidades eclesiais e a serviço da Igreja, *in memoriam* dos participantes também foram aclamados "presentes!", bispos constitutivos de sua alma: Manuel Larraín, Helder Camara, Sergio Méndez Arceo, Samuel Ruiz, Leónidas Proaño, Eduardo Pironio, Carlos Parteli, Aloísio Lorscheider, Ivo Lorscheiter, Raúl Silva Henríquez, Juan Landázuri, Marcos McGrath, Dom Fragoso, entre tantos outros.

O referido congresso ainda foi celebrado num contexto de desclassificação da Teologia da Libertação por parte de segmentos da Igreja, acusada de marxista ou de ideologização da fé, de uma teologia sem Deus. Ninguém poderia imaginar que, meses depois, a eleição do Papa Francisco, ao resgatar o Concílio Vaticano II e a opção pelos pobres, mudaria radicalmente a conjuntura eclesial. Muito menos que o Prefeito da Congregação para a Doutrina da Fé, Dom Gerhard Ludwig Müller, em livro conjunto com Gustavo Gutiérrez, contribuiria com a recolocação da Teologia da Libertação em praça pública. Como também que Gustavo Gutiérrez fosse um dia recebido pelo papa no Vaticano. A esperança dos pobres vive! Como bem-aventurança do Reino inaugurado por Jesus de Nazaré, a causa dos pobres não poderia estar ausente do coração da Igreja.

O contexto socioeclesial do surgimento da Teologia da Libertação

Testemunha Gustavo Gutiérrez que, quando do encerramento do Concílio Vaticano II, ele estava em Roma, mas não se sentiu atraído a participar da solenidade. Tinha consciência da magnitude da renovação eclesial desencadeada, mas também a sensação de um concílio mais voltado para as questões do "Primeiro Mundo" do que para o "Terceiro Mundo". Já na ocasião, se perguntava: a Igreja conclama os cristãos a se inserirem no mundo (LG, n. 50; GS, n. 40), mas dentro de que mundo? Do mundo dos 20% de incluídos ou do mundo dos 80% de excluídos? Do mundo dos 20% da população que consomem 80% dos recursos do planeta ou do mundo dos 80% de excluídos que só têm acesso a 20% deles?

Não era um diagnóstico pessoal, mas fruto da "irrupção dos pobres" na década de 1960, em países do hemisfério sul, que se viam à margem das conquistas da modernidade. Para a grande maioria da população mundial, elas não passavam de mera utopia, vivida na prática como uma dilatação indeterminada do futuro. As periferias, particularmente a América Latina, tomavam consciência de sua marginalidade e dependência em relação ao centro. Como dirá depois Paulo VI, em *Populorum progressio*, o subdesenvolvimento dos países desenvolvidos é um subproduto do desenvolvimento dos países desenvolvidos. Paulo Freire, com sua *Pedagogia do Oprimido*, levava, sobretudo os analfabetos, a tomarem consciência da situação de opressão e erradicar o opressor introjetado neles mesmos, tornando-os sujeitos de seu próprio destino e agentes de uma sociedade, inclusiva de todos.

No âmbito eclesial, a consciência libertadora foi sendo gestada de modo particular no seio da Ação Católica especializada (JOC, JEC, JAC, principalmente) e, no Brasil, nas práticas transformadoras do Movimento de Educação de Base (MEB), das Escolas Radiofônicas e das Comunidades Eclesiais de Base (CEBs). Nestes meios, seus militantes, desde meados da década de 1950, em contato com as ideias de Lebret e animados pela ação profética de Dom Helder Camara, tomam consciência da necessidade de uma prática da fé também no âmbito político e social, a qual redundasse na transformação da realidade nacional. O referencial teórico é buscado na teologia das realidades terrestres de G. Thils, no humanismo integral de J. Maritain, no personalismo social de E. Mounier, no evolucionismo progressista de Teilhard de Chardin, na reflexão sobre a dimensão social dos dogmas de H. de Lubac, na teologia do laicado de Y. Congar ou na reflexão de M.-D. Chenu.

Foi um ideário que encontrou terreno fértil na atmosfera de grande liberdade de debate e criatividade, em torno à realização do Concílio Vaticano II (1962-1965). Este evento, de proporções inimagináveis, propiciou à Igreja na América Latina conhecimento mútuo entre as Igrejas e crescimento da consciência de unidade continental entre pastores e teólogos do continente, desafiando-os a pensar seus desafios pastorais, sem o costumeiro mimetismo em relação à Igreja europeia.

Como era de se esperar, pouco a pouco a efervescente mobilização social alcançou também os meios eclesiais. Os encontros de teólogos foram se proliferando, para aprofundar a inter-relação entre fé e política, evangelho e justiça social, questões oriundas dos cristãos engajados na sociedade, sobretudo ligados à Ação Católica. O primeiro encontro de teólogos latino-americanos, nesta perspectiva, teve lugar em Petrópolis, em março de 1964, seguido dos encontros de Havana, Bogotá e Cuernavaca, em 1965, e dos encontros de Montreal e Chimbote (Peru), em 1967. Outros se seguiram: em março de 1970, celebra-se em Bogotá o primeiro congresso sobre Teologia da Libertação, repetido na mesma cidade em julho de 1971; do lado protestante, o ISAL (Igreja e Sociedade na América Latina), entre 1970 e 1971, organiza também, em Buenos Aires, algo semelhante.

Importância particular teve o encontro de 1964 em Petrópolis, pois alguns aspectos determinaram o rumo das demais reuniões e reflexões do grupo. Entre os estudos apresentados na ocasião, destacam-se as conferências de Gustavo Gutiérrez e Juan Luís Segundo. Metodologicamente, partem de uma reflexão indutiva, ou seja, do desafio de uma evangelização a partir da realidade do continente, e, num segundo momento, fazem considerações teológicas em termos de iluminação desta realidade, para desembocar em propostas pastorais concretas. Já naquele encontro, Gustavo Gutiérrez apresentava a teologia como uma reflexão crítica sobre a práxis, à luz da fé, colocando, assim, as bases de um novo método ou de uma nova maneira de teologizar.

Mas será particularmente em torno à preparação da II Conferência Geral do Episcopado Latino-americano, realizada em Medellín, em 1968, que aparecem os grandes eixos da Teologia da Libertação. Os diversos encontros de preparação foram verdadeiros laboratórios, para a busca de uma teologia pensada a partir das questões oriundas do engajamento dos cristãos em perspectiva libertadora, no seio de uma sociedade marcada pela injustiça e exclusão. Começam a surgir os primeiros artigos em que aparece a busca de uma nova perspectiva teológica, elaborada de maneira indutiva, tal como o magistério havia feito a leitura dos "sinais dos tempos" na *Gaudium et spes*.

Hugo Assmann irá mais longe, ao afirmar que o "ponto de partida" na reflexão teológica não pode ser algo abstrato como a "dignidade humana" ou a "vocação à liberdade", mas uma "análise estrutural da sociedade". Nesta perspectiva, Medellín dará grande relevância a temas como "violência", "justiça", "paz", "pobreza" ou "promoção humana", em parte fruto da influência da *Populorum progressio*, publicada no ano anterior. Expressões como "libertação de toda situação opressiva", "situação de pecado", "injustiça institucionalizada", "mudança de estruturas", "conscientização" ou "educação libertadora", presentes no Documento de Medellín, acusam a recepção da temática *dependência-libertação* e a rejeição, ainda que parcial, dos esquemas desenvolvimentistas.

A postura de uma "opção pelos pobres" seria a consequência iniludível, que significa fazer do excluído não um objeto de caridade, mas sujeito de sua própria libertação, ensinando-lhe a ajudar a si mesmo (Med, n. 14,10). Todo assistencialismo ou paternalismo humilha o pobre. Urge fazer dos pobres os sujeitos de uma sociedade inclusiva de todos e, com isso, delatar o cinismo dos satisfeitos. Alenta Medellín que a missão evangelizadora num continente marcado pela exclusão implica a denúncia de toda injustiça e opressão, constituindo-se num sinal de contradição para os opressores (Med, n. 14,10). E encorajar a *diakonía* histórica da Igreja, enquanto serviço profético, diante de grandes interesses de grupos, pode redundar em perseguição e martírio, consequência da fidelidade à opção pelos pobres. Mas o testemunho dos mártires das causas sociais é a mais viva expressão da vivência da fé cristã na fidelidade à opção pelos pobres, em uma sociedade injusta e excludente. *Aparecida* falará deles como nossos santos e santas, ainda não canonizados (DAp, n. 98).

Em consequência, na fé cristã, a opção pelo "sujeito social" – o pobre – implica igualmente a opção pelo seu "lugar social". A evangelização, enquanto anúncio encarnado, precisa do suporte de uma Igreja sinal, que compartilha a vida dos pobres (Med, n. 14,15) e que seja uma presença profética e transformadora (Med, n. 7,13). Não basta uma Igreja "dos" pobres. Faz-se necessário o testemunho de uma "Igreja pobre", pois a instituição também é mensagem, porquanto afeta o caráter de uma Igreja sacramento do Reino no mundo. O "Pacto das Catacumbas", liderado por Dom Helder Camara e assinado por uma centena de bispos proféticos no encerramento do Concílio Vaticano II, dá o referencial da prática, da mística e da reflexão libertadora da Igreja na América Latina.

O perfil da teologia do "pai" da Teologia da Libertação

Até a década de 1960, a Igreja na América Latina não tinha nem rosto nem palavra própria. O rosto lhe foi dado pelas práticas dos cristãos em perspectiva libertadora, nas Comunidades Eclesiais de Base, na Leitura Popular da Bíblia, na Pastoral Social e pelo testemunho dos mártires das causas sociais, como Dom Romero e Irmã Dorothy. A palavra própria lhe foi conferida pela Teologia da Libertação, a primeira teologia na história da Igreja, não só diferente da única teologia do centro, como gestada na periferia social e eclesial. Minimizada na Instrução *Libertatis nuntius* (1984) e reconhecida na *Libertatis conscientia* (1986), o Papa João Paulo II, em carta aos bispos do Brasil, qualificaria a Teologia da Libertação "não só oportuna, como útil e necessária" para toda a Igreja.

Alguns componentes fundamentais traçam o perfil da Teologia Latino-americana da Libertação. Um primeiro deles é apontado por Hugo Assmann: diante de uma sociedade fundada sobre a injustiça institucionalizada, é um imperativo para toda e qualquer teologia cristã assumir a opção pelos pobres como ótica de seu discurso, sob pena de cair no "cinismo". Urge uma teologia profética, que se constitua em denúncia do cinismo dos satisfeitos. Um segundo componente, explicitado por Juan Luís Segundo, é a necessidade da "libertação da teologia" da ideologia, dado que, historicamente, o Cristianismo e sua teologia contribuíram com a dominação, mas precisam apoiar a libertação. Se a teologia não serve para libertar o povo, não serve para a Igreja; é sal que perdeu a sua força.

Por isso, no contexto da gestação da nova teologia, Gustavo Gutiérrez contrapõe uma teologia da "libertação" à do "desenvolvimento", da mesma forma que Richard Schaull e Rubem Alves. Por sua vez, Lúcio Gera mostra os limites das teologias da secularização, da revolução e da "morte de Deus". Hugo Assmann marca a diferença entre uma teologia da libertação e a teologia da esperança. Leonardo Boff e Jon Sobrino esboçam uma cristologia na ótica libertadora. Outros nomes importantes como Enrique Dussel e Juan Carlos Scanonne dão um suporte histórico-filosófico e epistemológico, respectivamente, à embrionária Teologia da Libertação. Mais tarde, Clodovis Boff fará uma sistematização de sua epistemologia e método, com contribuições também de João Batista Libânio, Franscisco Taborda e Carlos Palácio.

Entretanto, o esboço de uma nova teologia, sistematicamente articulada, veio à tona com a obra pioneira de Gustavo Gutiérrez, *Teologia da Libertação. Perspectivas*, publicada originariamente no Peru, em 1971. O ensaio teve o mérito de transformar o conceito *libertação* numa ótica fundante de um sistema teológico. A teologia nascente se autocompreende não como uma teologia do genitivo, em que a libertação é apenas um tema; ao contrário, esta se constitui numa ótica, a partir da qual se lê a globalidade da revelação. A Teologia da

Libertação é uma teologia fundamental que relê, de maneira indutiva, ou seja, a partir da situação histórica de uma América Latina dependente e dominada, a mensagem revelada como um todo.

É nesse sentido que Gustavo Gutiérrez fala da Teologia da Libertação como "um novo modo de fazer teologia", na medida em que a práxis libertadora da fé se constitui em uma nova perspectiva hermenêutica. Trata-se de uma teologia não somente como função crítica da ação pastoral da Igreja, mas como "a reflexão crítica da práxis histórica, à luz da fé". Uma reflexão crítica "na" e "sobre" a práxis histórica em confronto com a Palavra. Isso constitui novo modo de fazer teologia, pois o "da" libertação se explica "na" e "sobre" a libertação. Em outras palavras, a libertação ou a práxis histórica não é somente *objeto* da reflexão, mas explicita também o *lugar* desde "onde" e "a partir de onde" a reflexão se dá, lugar no qual o sujeito está implicado.

Assim, a teologia é compreendida, por Gustavo Gutiérrez, como "momento segundo", precedido pela práxis de libertação. É o que mais tarde se denominaria "passo zero", "ato primeiro" ou "momento pré-teológico", que pressupõe o engajamento ou "a experiência de Deus no pobre" por parte do teólogo, porquanto se trata de uma teologia que toma a práxis não como tema ou objeto, mas como lugar epistêmico. Sem esta "síntese viva com a prática viva", o teólogo não reúne as condições epistemológicas adequadas para fazer Teologia da Libertação.

Situar a teologia dentro do itinerário da fé significa dizer que a teologia, em última instância, está a serviço da fé. Não há verdadeira teologia fora do tecido eclesial. Se a fé é eclesial, a teologia, enquanto sua inteligência reflexa, só pode ser também eclesial. Em última instância, a teologia está a serviço da evangelização, do anúncio da mensagem cristã, da missão da Igreja, da vivência da fé, da encarnação do Evangelho nas culturas. Em outras palavras, se a teologia não serve à Igreja, não serve para os cristãos.

Consequentemente, o lugar da teologia não é a academia, mas a comunidade eclesial. Por ironia do destino, Gustavo Gutiérrez, o "pai" da Teologia da Libertação, nunca pôde estar na academia, exceto nos últimos tempos e ainda em terra estrangeira. Seu "laboratório" teológico sempre foram as comunidades eclesiais das periferias de Lima, contadas entre as mais pobres do continente. Aliás, nisto reside o componente fundamental da epistemologia e do método da Teologia da Libertação, incompreensível fora destas circunstâncias. Antes de qualquer elaboração mais sofisticada, ela é fruto da necessidade vital de se pensar teologicamente a experiência viva e concreta de fé das comunidades eclesiais, inseridas na sociedade em perspectiva libertadora. Primeiro, vem a experiência comunitária da fé, depois surge a teologia como sua inteligência reflexa, "momento segundo" a serviço do "momento primeiro".

A evolução posterior e, sobretudo, os embates aos quais a Teologia da Libertação foi submetida, deixariam na penumbra este dado simples e, à primeira vista, sem grande importância: a vida da comunidade eclesial como "lugar natural" da teologia. Com isso, afirma-se não só a teologia como uma realidade inseparável da consciência viva da Igreja, como também a convicção reflexa de que a vida e a experiência de fé da comunidade eclesial precedem a teologia.

Como chamou atenção Carlos Palácio, a Teologia da Libertação é uma teologia contextualizada original não necessariamente pelo seu método e muito menos pelo seu produto final, mas antes pela experiência eclesial que a sustenta. Para João Batista Libânio, o essencial deste novo paradigma teológico não é a teologia, mas a libertação, a experiência encarnada da fé de comunidades eclesiais, inseridas no seio da sociedade, em perspectiva profética. É a partir daí que nasce a teologia como inteligência da fé, de maneira deliberada, intencional e reflexa "em", "a partir" e "para" o contexto dessa mesma experiência de fé. Sua particularidade não está na teologia enquanto tal, em sua semântica ou em sua sintaxe, mas na experiência eclesial da qual ela vive e para a qual quer apontar caminhos que sejam resposta ao desafio de "falar de um Deus Pai, num mundo de crucificados".

Em última instância, a Teologia da Libertação inova em relação a outras teologias por mudar de "lugar" e de "função". Ela não se articula a partir de questões teóricas ou de vaidades disputadas entre teólogos. As boas ideias, também em teologia, não caem do céu, mas brotam da "reflexão da práxis, à luz da fé", levada a cabo por comunidades eclesiais, inseridas profeticamente em seu contexto, marcado pela injustiça e pela exclusão. É a experiência de fé das comunidades eclesiais que dá "o que pensar" à teologia. Consequentemente, o teólogo, enquanto agente eclesial, com a missão de elevar a dor dos excluídos ao conceito da fé, é também um agente social, desafiado a fazer de sua teologia, profecia. Profecia na sociedade e na Igreja, tal como testemunham teólogos da libertação da estatura e santidade de Gustavo Gutiérrez. Dom Gerhard Ludwig Müller, por ter mudado de "lugar" – se inseriu por anos e anos nas comunidades eclesiais das periferias de Lima e das Cordilheiras de Cuzco, durante suas férias acadêmicas na Alemanha – pôde compreender a Teologia da Libertação e dar uma nova "função" à sua própria teologia.

Feliz encontro com os pobres, que nos presenteia a reflexão, plasmada a quatro mãos nas páginas deste belo livro, que sinaliza tempos de primavera, depois de um longo inverno eclesial. São seis capítulos, intercalados entre Gustavo Gutiérrez e Dom Gerhard Ludwig Müller. O primeiro apresenta a identidade da Teologia da Libertação (teologia, uma tarefa eclesial), seu momento atual (situação e tarefas da Teologia da Libertação) e sua preocupação evangélica central (onde dormirão os pobres?); o segundo convida a Igreja na Europa a deixar-se desafiar pela Teologia da Libertação (experiência libertadora: estímulo para a teologia europeia), elucida certos mal-entendidos (a Teologia da Libertação na controvérsia) e aponta para o necessário diálogo e interação entre as teologias, pois "a opção pelos pobres está implícita na fé cristológica" (o futuro comum da Igreja una: solidariedade em Cristo).

AGENOR BRIGHENTI
Docente do Programa de Pós-graduação em Teologia da PUC-PR.

Prefácio à edição alemã

Dois teólogos escreveram este livro: o conhecido teólogo da libertação peruano Gustavo Gutiérrez, que completou 85 anos em 2013, e o professor muniquense de Dogmática Gerhard Ludwig Müller, nomeado bispo de Regensburg em 2002, hoje prefeito da Congregação para a Doutrina da Fé do Vaticano. Dois teólogos oriundos de duas diferentes experiências do mundo. Ao mesmo tempo, no pensamento dessas duas pessoas unidas pela amizade (Gutiérrez concelebrou durante a ordenação episcopal de Gerhard Ludwig Müller), há importantes paralelos e convicções fundamentais comuns.

Pessoalmente, encontrei-me com Gustavo Gutiérrez pela primeira vez em 1978, por ocasião de uma entrevista. Tive uma dupla impressão: eis uma pessoa que lida apaixonadamente com a pergunta: "Como se pode falar do amor de Deus perante a miséria dos pobres e a injustiça do mundo?". Desde essa época, esta pergunta fundamental da Teologia da Libertação me tem acompanhado também. E a segunda impressão: uma entrevista é um método impróprio para um encontro com Gustavo Gutiérrez. Durante meu trabalho posterior no Peru, tive diversas ocasiões de conhecer Gutiérrez em conferências e cursos, celebrações litúrgicas e no meio dos pobres. A proximidade em relação aos pobres caracteriza-o: ao lado de – ou mais acertadamente se deveria dizer: justamente *por causa de* – sua atividade teológica, ele era também padre em uma favela. Assim, em suas reflexões teológicas, ele sempre surpreende com exemplos tirados dessa práxis. Uma prova: "Uma senhora da favela ensinou-me que o contrário de 'alegria' não é o 'sofrimento', mas a melancolia. Quem cai na melancolia já não vê nenhum futuro, não teme esperança alguma. O povo sofredor, os pobres têm esperança, e suas celebrações litúrgicas são cheias de beleza, esperança e alegria. Pobres celebram festas cheias de alegria".

Gutiérrez ressalta sempre de novo o quanto ele aprende com os pobres, vendo neles realmente sujeitos. A vida deles não o deixa em paz desde seu retorno do Peru à Europa. Sua particular habilidade para a percepção e análise da realidade social e das condições de vida dos pobres foi também o que o fez tornar-se "pai da Teologia da Libertação": em 1968, deveria fazer uma conferência – correspondente ao espírito do tempo daquela ocasião – sobre a Teologia do Desenvolvimento. Modificando o tema a partir de sua visão, Gutiérrez moldou a conferência para Teologia da Libertação. Posteriormente, expandiu as ideias fundamentais da exposição em um livro de mesmo nome e, no decorrer dos anos, criou uma obra científica que fez história na teologia.

Para muitas pessoas, ela representa uma das mais inovadoras iniciativas teológicas do século XX. Como toda "nova" teologia, também a Teologia da Libertação precisou prestar contas a si mesma e à Igreja de quanto nela são reconhecíveis e atuantes os elementos essenciais da tradição cristã. A Teologia da Libertação ofereceu essa prova não por último através das obras de Gutiérrez, nas quais o compromisso com os pobres se liga a profundas espiritualidade e mística católicas – no melhor sentido.

A importância epocal da Teologia da Libertação consiste em que ela ajudou a Igreja a redescobrir o empenho pela justiça e o anúncio

Prefácio à edição alemã

abrangente da boa-nova com os pobres e, especialmente, através deles como um de seus imperativos substanciais. As intuições centrais da Teologia da Libertação – a reflexão sobre o crescente abismo entre pobres e ricos, as estruturas de pecado e a opção preferencial de Deus pelos pobres – foram particularmente frutuosas na doutrina e no anúncio do Papa João Paulo II. Quando alguém demonstra a Gustavo Gutiérrez que a Teologia da Libertação já não é praticamente mencionada, que ela teria deixado para trás seus melhores tempos, o teólogo peruano responde sorridente que alguém fala sempre de novo dela, até mesmo o próprio papa, quando se empenha incessantemente na opção preferencial pelos pobres e por seus direitos. Ele não se importa com o nome "Teologia da Libertação". Gustavo Gutiérrez enfatiza isso repetidamente. Importa-lhe a realidade vital dos pobres. Enquanto esta for, como sempre, má e deplorável – literalmente –, as preocupações da Teologia da Libertação conservam-se vivas.

Nesse sentido, a Teologia da Libertação, amiúde dada como morta por partes interessadas, encontra-se ainda bem no começo de um longo caminho. Em sua história atual, de cerca de 35 anos, ela tem a mostrar – acima de tudo na Igreja Católica Latino-americana, mas não somente ali – consideráveis conquistas. Em 1968, os bispos da América Latina reuniram-se na cidade colombiana de Medellín. Essa assembleia vale como o momento oficial do nascimento de um movimento que hauriu do Evangelho não somente o ditame do auxílio caritativo para os pobres, mas também realizações concretas transformadoras da sociedade.

A pobreza e a injustiça espalhadas por este continente "católico" – bem como além dele – certamente estão longe de serem superadas, mas no interior da teologia e da Igreja a postura diante da pobreza e da miséria mudou decisivamente. A Igreja e a teologia conscientizaram-se de que o crescente abismo entre pobres e ricos não representa apenas uma consequência mais ou menos casual de circunstâncias econômicas e sociais, mas é expressão de pecado estrutural, que contradiz a ordem da criação, em última análise, uma blasfêmia. A existência da pobreza e da injustiça não é simplesmente uma questão ético-social ao lado de outras. Ao contrário, a Teologia da Libertação deixa claro que, com isso, encontra-se em jogo a pergunta por Deus mesmo. Por conseguinte, trata-se não somente do sétimo mandamento, mas também, e em primeira linha, do primeiro. A pretensão absolutista do deus mercado, que domina os interesses vitais fundamentais de grande parte da humanidade, está em contradição com a confissão de um único Senhor do mundo e da história, o qual se mostrou e provou ser aquele que toma o partido dos pobres e dos excluídos.

Gustavo Gutiérrez fundou uma teologia que toma como ponto de partida a experiência dos pobres com Deus e a "experiência de Deus" com os pobres: como se pode falar do amor de Deus perante a miséria dos pobres? Como fica a esperança dos pobres? Nos trabalhos teológicos de Gustavo Gutiérrez espelha-se o pensar sobre – mas também *dos* – pobres do Peru e do mundo afora, sobre seu passado, seu presente e seu futuro. Esta reflexão sobre a frequente injustiça e miséria dos pobres poderia indubitavelmente levar à depressão, até mesmo ao desespero, caso os próprios pobres não compreendessem seu passado, seu presente, acima de tudo, porém, seu futuro à luz de sua fé em Deus – e se eles não experimentassem Deus como um Deus que está ao lado deles. Gustavo Gutiérrez passou esta esperança dos pobres para a teologia e transformou-a em uma linguagem sistemático-teológica. Desse modo, fez-nos compreender que os pobres têm um futuro, não certamente porque eles seriam "moralmente" bons ou em razão de seus méritos ou capacidades, mas porque Deus é bom e quer assim. Em Jesus Cristo, ele retratou sua opção preferencial por eles.

Gerhard Ludwig Müller conheceu Gustavo Gutiérrez pessoalmente em 1988, justamente por ocasião de um seminário teológico de cinco semanas para professores de Teologia de língua alemã, no Peru. Após intensiva preparação comum e familiarização com a obra teológica de Gustavo Gutiérrez, estes professores chegaram ao Peru, mergulharam nas realidades sociais e pastorais das paróquias das favelas, até as comunidades camponesas nos Andes peruanos.

Depois de outra fase intensiva de reflexão teológica dessa experiência prática, seguiu-se uma semana de oficina intensiva com Gustavo Gutiérrez em Lima. Esses dias inteiros de discussão teológica com Gustavo Gutiérrez constituíram não só o fundamento de um relacionamento e de uma amizade duradoura entre ambos os teólogos, mas encetaram também uma dedicação de Müller à Igreja e à teologia da América Latina. O que é altamente incomum para um professor de uma universidade alemã tornou-se para ele algo repetidamente natural: durante uma série de quinze anos, ele passou de seis a oito semanas de seu tempo livre de aulas na América Latina, ensinou em diversos seminários diocesanos, principalmente em Cuzco, no Peru, deu cursos de verão para candidatos ao sacerdócio e – o que deve ser especialmente enfatizado – conheceu, de forma direta, a realidade vital dos pobres. Ocasionalmente, Dom Müller passava semanas em paróquias de camponeses entre 3.000 e 4.300 metros de altura, compartilhava a vida dura e cheia de privações desses pobres, visitava, também, por íngremes caminhos montanhosos, as mais remotas aldeias e dormia no chão batido das casas de barro dos camponeses.

Fazer teologia latino-americana, no sentido da Teologia da Libertação, significa apreender a realidade vital dos pobres e fazer dela o ponto de referência da reflexão teológica. De algum modo, fazer teologia significa unir intimamente fé e vida. Aqui, Müller aplica de modo concreto o que ele havia discutido com Gutiérrez em muitos encontros. Sua origem de uma família de trabalhadores, que teve de suportar as privações do período do pós-guerra, ajudou Müller a expor-se de modo tão consequente à realidade vital dos pobres. Em diversas conferências na Europa e em uma série de escritos, propugnou por melhor compreensão da Igreja e da teologia latino-americana, especialmente pela teologia tal como Gustavo Gutiérrez desenvolvia.

A Teologia da Libertação, tal como Gutiérrez a ensina, refere-se, por razões óbvias, a situações e fatos da América Latina; mas ao mesmo tempo, porém, ele deixa fundamentalmente claro – e Müller, em suas publicações sobre o tema, sempre procura demonstrar isso

– que a Igreja, em toda parte, no mundo, não deve apenas se reportar a si mesma e se interessar somente por seus próprios adeptos. Ela tem um compromisso com toda a humanidade e com a sociedade concreta na qual vive e existe. Ser cristão implica sempre se engajar em prol dos direitos fundamentais políticos, econômicos, sociais e culturais do ser humano, bem como de sua dignidade como filho de Deus – e com isso, por uma sociedade humana.

Este livro é fruto da reflexão dos dois teólogos, Gutiérrez e Müller. Ele esclarece o papel da Igreja e da teologia na época de uma globalização de estilo neoliberal, fixada unilateralmente no aspecto econômico. Com a queda da cortina de ferro e a derrocada das ditaduras comunistas, muitos profetizaram a vitória definitiva do capitalismo. Contudo, esta abrangente globalização unilateralmente econômica deve ser iluminada e avaliada à luz dos princípios da justiça social, conforme João Paulo II, em seu ensinamento social e em diversos discursos em suas viagens, não se cansou de sublinhar. Neste contexto, deve-se atentar especialmente para a opção preferencial pelos pobres e para a análise da realidade à luz da Bíblia. Nisto se fundamenta o princípio de uma teologia cristã hodierna da libertação. Gutiérrez esclarece isso de modo especial em seu substancial artigo "Onde dormirão os pobres?", que ele expôs no quadro de um colóquio teológico de três dias com pequeno círculo de amigos, *na presença do então Cardeal Ratzinger*, na época prefeito da Sagrada Congregação para a Doutrina da Fé (que viria a ser, anos depois, Papa Bento XVI). No livro *Sal da terra*, Ratzinger responde explicitamente a Gustavo Gutiérrez: "Entramos em diálogo com ele – algo que também conduzi, em parte, pessoalmente – e nisso chegamos a um entendimento cada vez melhor. Isto nos ajudou a compreendê-lo, e ele, por outro lado, percebendo a unilateralidade de sua obra, continuou a desenvolvê--la em uma forma de 'teologia de libertação' apropriada e capaz de integração".

Este livro indaga pela importância da Teologia da Libertação para a teologia atual como um todo e para a vida eclesial hodierna, e considera a Teologia da Libertação uma tarefa eclesial necessária e integral. Em sua "mensagem ao mundo", pouco antes do começo do Concílio Vaticano II, o Papa João XXIII falava da Igreja como "especialmente Igreja dos pobres". Os primeiros frutos dessas exortações foram as constituições conciliares *Lumen gentium* e *Gaudium et spes*. Mais adiante, esses estímulos fundamentais – também sociais – do concílio continuaram a produzir efeitos na Teologia da Libertação da Igreja na América Latina. E enquanto houver essa abissal injustiça, bem como as doenças que levam os pobres à morte, porque não são tratadas como resultantes da injustiça, e enquanto persistirem outras desigualdades geradoras de mais de 830 milhões de famintos pelo mundo afora, somadas a tantas formas de discriminação, coexistindo com uma riqueza jamais vista, deve haver e haverá também a Teologia da Libertação, pois Deus, em Jesus, libertou-nos para a liberdade (cf. Gl 5,1).

JOSEF SAYER

Diretor-geral (1997-2012) da MISEREOR,
obra episcopal da Igreja Católica da Alemanha
para a cooperação e desenvolvimento.

Capítulo I

Teologia: uma tarefa eclesial

GUSTAVO GUTIÉRREZ

O objeto das seguintes reflexões deve ser os desafios presentes e futuros de uma teologia que está a serviço da Igreja na América Latina e no Caribe.

Partimos da convicção de que o trabalho teológico é uma vocação que brota do seio da comunidade eclesial e nela é exercida. Com efeito, o ponto de partida da teologia só pode ser o dom da fé na medida em que tivermos captado a verdade da Palavra de Deus. Todas as contribuições da teologia devem colocar-se a serviço do anúncio e do testemunho do Evangelho.

Esta ancoragem da teologia no ser e na missão da Igreja confere à teologia sua razão de existir, seu horizonte de questionamento e coloca-a em contato com as fontes das quais ela haure a revelação: a Sagrada Escritura e a tradição. Pertence também à teologia deixar-se animar pelo magistério eclesial, cuja tarefa específica na transmissão da revelação ela reconhece. Esta determinação do lugar da teologia

Ao lado dos pobres

também a situa em contato vivo com outras funções da Igreja (liturgia, diaconia etc.).

1. Anúncio do Evangelho e teologia

Qual é, pois, mais precisamente a tarefa da teologia, a qual lhe cabe em razão de sua ligação vital com a Igreja e na qual ela discerne sua responsabilidade concreta pela evangelização?

"A teologia" – assim diz o documento sobre a vocação eclesial do teólogo – "contribui para que a fé se torne comunicável". Resta evidente que isso se aplica primeiramente aos cristãos. Nesse sentido, a teologia exerce importante papel no interior da Igreja e em seus processos interiores de autoasseguramento. Contudo, à teologia cabe ainda a tarefa de tornar a fé plausível e aceitável "àqueles que ainda não conhecem o Cristo".[1] Precisamente esta perspectiva missionária torna o teólogo sensível aos questionamentos e às preocupações dos que se acham distanciados ou daqueles que não praticam a fé. Mas ela também provoca uma compreensão mais profunda da própria fé. Nesse dinamismo de uma "verdade que, segundo sua natureza, quer comunicar-se",[2] delineia-se também a natureza da tarefa da teologia. A teologia é uma missão que atinge sua meta em uma Igreja que é constituída pela Palavra de Deus. Precisamente a partir "do interior da Igreja",[3] ela anuncia a verdade que liberta (cf. Jo 8,32). Na salvação do ser humano, em Jesus Cristo, a reflexão teológica atinge seu ápice.

Santo Domingo chama isso de "o ministério profético da Igreja",[4] ao qual pertence inseparavelmente o ministério dos teólogos. Seu conteúdo é a proclamação do Reino de Deus em Cristo e a libertação

---

[1] CONGREGAÇÃO PARA A DOUTRINA DA FÉ. *Instrução sobre a vocação eclesial do teólogo*, n. 7.

[2] Ibid., n. 7 (cf. nota 1).

[3] DISCURSO INAUGURAL DO PAPA JOÃO PAULO II DA IV CONFERÊNCIA GERAL DO EPISCOPADO LATINO-AMERICANO. Santo Domingo, 12 de outubro de 1992.

[4] SANTO DOMINGO. *Conclusões da IV Conferência Geral do Episcopado Latino-americano. Nova Evangelização, Promoção Humana e Cultura Cristã. "Jesus Cristo ontem, hoje e sempre" (Hb 13,8)*, n. 33.

integral, ou seja, inclui todas as dimensões da existência humana. Tal proclamação tanto deve manter fidelidade à mensagem quanto harmonizar-se com a linguagem de nossos contemporâneos. Com isso ressaltamos a decisiva contribuição da teologia, razão pela qual ela deve dialogar com a mentalidade, com as exigências de compreensão e com a cultura do ouvinte da Palavra. A partir daí, desenvolver-se-ia uma pastoral que encorajaria seus destinatários a seguir o testemunho e o ensinamento de Jesus. Nessa tarefa, "o teólogo, não esquecendo jamais que também ele é membro do Povo de Deus, deve nutrir-lhe respeito, e esforçar-se por dispensar-lhe um ensinamento que não venha a lesar, de modo algum, a doutrina da fé". Por outro lado, ele corre o perigo de que as necessidades momentâneas lhe dificultem a visão da plenitude e da integridade do Evangelho. Ele não faria plenamente jus à sua função ministerial em relação com a missão de anúncio da Igreja e de seus pastores. "De fato, a liberdade própria da pesquisa teológica é exercitada no interior da fé da Igreja."[5]

A teologia é um falar de Deus à luz da fé. O discurso acerca do que ele é e do que ele é para nós representa o único tema da teologia. Devemos aproximar-nos do mistério de Deus com temor e humildade. No entanto, de acordo com o uso linguístico bíblico, *mysterium* quer ser algo completamente diferente do que se indica normalmente por "mistério". É um mistério que quer ser comunicado. O ser-manifesto pertence propriamente à natureza do mistério no sentido da revelação cristã como autocomunicação de Deus (cf. Rm 16,25s). A teologia, portanto, constitui-se como "a ciência da revelação cristã".[6]

Ao mesmo tempo, cada teólogo deve permanecer consciente de que ele, com suas possibilidades, jamais poderá trazer à baila todas as dimensões e aspectos da Palavra de Deus contida na Escritura e transmitida pela tradição viva de toda a Igreja, pelo que cabe ao

---

[5]   Instrução *Donum veritatis*, sobre a vocação eclesial do teólogo, n. 11.

[6]   CONGREGAÇÃO PARA A EDUCAÇÃO CATÓLICA. *A formação teológica dos futuros sacerdotes* (1976), n. 18.

magistério um papel próprio, provido pelo Espírito Santo.[7] Ademais, o conteúdo da fé (*depositum fidei*), transmitido à Igreja pelos apóstolos, não se limita a fornecer respostas para nossas perguntas. A própria fé levanta novas questões e reclama um esforço constante por uma compreensão mais profunda. Por outro lado, deve-se notar que o discurso sobre Deus deve acontecer em uma situação histórica em constante mudança. Nenhuma única dimensão da existência humana, que sempre se entrecruza com complexas perspectivas sociais, pode ser extraída do condicionamento concreto no qual se dá o discipulado de Jesus. A partir dessa condição, surgem incessantemente desafios para o discurso da fé. Por essa razão, a Conferência Episcopal de Santo Domingo, no contexto latino-americano, disse que o trabalho teológico deve dar impulsos "em favor da justiça social, dos direitos humanos e da solidariedade com os mais pobres".[8] O que não seria mais urgente na América Latina de hoje? Por todas essas razões, a linguagem teológica tem sempre algo aproximativo. Deve estar sempre preparada para perspectivas novas e inesperadas, para o esclarecimento de seus conceitos e um melhoramento de suas formulações. Desse modo, quando tentamos aproximar-nos da verdade revelada com noções mais adequadas, surgem continuamente novas formas em nosso discurso sobre Deus. De mais a mais, permanece determinante a convicção de que nenhuma teologia pode simplesmente se identificar com a fé. Esta é uma postura clara, tradicional. Um pluralismo na teologia, dentro da unidade do Credo é, portanto, tão antigo quanto a própria Igreja.[9] Nesse sentido, as diversas teologias devem ser vistas como um valioso enriquecimento da vida eclesial e como auxílio no exercício da missão delas, sob a condição de que não se queiram absolutas nem se isolem umas das outras. Impor-

---

[7]   PONTIFÍCIA COMISSÃO BÍBLICA. *A interpretação da Bíblia na Igreja* (1993), n. 4: "Enquanto Palavra de Deus colocada por escrito, a Bíblia tem uma riqueza de significado que não pode ser completamente captada nem emprisionada em nenhuma teologia sistemática".

[8]   Santo Domingo (cf. nota 4), n. 33.

[9]   CONGREGAÇÃO PARA A EDUCAÇÃO CATÓLICA. *A formação teológica dos futuros sacerdotes*, n. 64.

tante também é a consciência de que elas, com toda autorrestrição, queiram permanecer comprometidas com a grande missão da Igreja como um todo.

2. A situação atual na América Latina

Quando a fé viva e vivida da Igreja busca novos caminhos para fazer-se compreensível aos de fora, a teologia, em correspondência com sua missão, indaga como essas novas experiências que se originaram de uma reflexão teológica estariam em sintonia com a revelação. Existem muitos exemplos desse procedimento. É chegado agora o momento de um aprofundamento da reflexão teológica à luz das inesgotáveis fontes da fé, das quais a vida da Igreja se nutre.

A pobreza é um tema do Evangelho e um desafio que estava sempre presente no curso da história da Igreja. Contudo, sua denúncia em Medellín ("miséria desumana"), Puebla ("pobreza anticristã") e Santo Domingo ("pobreza absolutamente insuportável") fez com que essa pobreza, sob a qual a grande maioria da população na América Latina e no Caribe deve sofrer, aparecesse pela primeira vez diante dos olhos de todos, em toda a sua brutalidade que clama aos céus. Era uma realidade bem conhecida, mas que agora, com toda a veemência, sacudiu a consciência humana e cristã de muitos, e que também levou a Igreja à percepção de sua própria tarefa inerente, que se encontra perante o desafio epocal da pobreza e da miséria indigna do ser humano. O "outro", em uma sociedade que o marginalizou e pôs de lado, tornara-se presente nisso que demandava solidariedade. No entanto, a pergunta fundamental é: como devo dizer ao pobre que Deus o ama, ou seja, àquele que se encontra no nível mais baixo da escala social?

Esta pergunta mostrou sua fecundidade na ação pastoral da Igreja e no caminho teológico que foi empreendido para responder a ela. Perante a morte injusta e prematura que a pobreza provoca, a "nobre luta pela justiça" (Papa Pio XII) adquire traços dramáticos e urgentes. Tomar conhecimento dela é questão de racionalidade e de natureza. É urgentemente necessário superar uma mentalidade que pretende empurrar essa situação opressora exclusivamente para o plano do político, em que a fé pouco ou nada tem a contribuir. Isso outra coisa não seria senão "uma separação entre fé e vida", de onde necessariamente surgem "clamorosas situações de injustiça, de desigualdade social e de violência" – como afirma o Documento de Santo Domingo.[10] Não obstante isso, o familiarizar-se com os conflitos sociais existentes não significa absolutamente defender um confronto dos grupos sociais como método de transformação social.

Nas palavras pronunciadas pelo Papa João Paulo II, uma "luta de classes programada" é inaceitável.[11] Indubitavelmente, encontramo-nos aqui em um terreno controverso e escorregadio. O risco de reducionismos ou de conceitos passíveis de várias interpretações mostra-se substancial. É fácil se deixar aprisionar pelos aspectos emocionais da situação, experimentar certo fascínio diante do novo, superestimar o valor das ciências sociais. Tudo isso é necessário para tomar pleno conhecimento da realidade socioeconômica. Contudo, trata-se de tentativas em sua primeira fase. Nessas circunstâncias, a declaração de uma pesquisa científica de toda a realidade social não pode ser aceita como um resultado definitivo e irrefutável da ciência – sem levar em consideração que não se podem excluir implicações ideológicas em pesquisas de aparência puramente científicas.[12] Levando-se em consideração os três planos sobre os quais se deve falar da libertação ("na relação do ser humano com o mundo, como senhor, e com seus semelhantes, como irmão, e com Deus, como filho"), Puebla precede-nos:

---

[10] Santo Domingo, n. 24.

[11] Carta encíclica *Laborem exercens* (1981), do Sumo Pontífice João Paulo II.

[12] Em relação à natureza da tarefa das ciências humanas e da teologia e, também, da necessária diferenciação crítica como pressuposto para uma cooperação, evitando-se a adoção de implicações mundanas estranhas que eventualmente se contraporiam à fé, cf. a *Instrução sobre a vocação eclesial do teólogo*, n. 10; igualmente as duas instruções da Congregação para a Doutrina da Fé sobre a Teologia da Libertação de 1984 e 1986; também: GUTIÉRREZ, Gustavo. *La verdad los hará libres*. Lima, 1986, pp. 22, 23, 83-85.

> Libertamo-nos participando da vida nova que Jesus Cristo nos traz e
> também pela comunhão com ele no mistério da sua morte e ressurrei-
> ção, sob a condição de vivermos este mistério nos três planos já indi-
> cados, sem tornar exclusivo nenhum deles. Assim, não o reduziremos
> nem ao verticalismo da união espiritual com Deus desencarnada, nem
> ao simples personalismo existencial feito de laços entre indivíduos ou
> pequenos grupos, nem muito menos ao horizontalismo socioeconômi-
> co-político.[13]

Exatamente isso é a libertação integral em Cristo, a qual nos conduz à plena comunhão com Deus e entre nós.[14] A libertação social e
política não deve, de forma alguma, ocultar a abrangente e radical
libertação do pecado, a qual é unicamente obra do perdão e da graça
de Deus. Faz-se necessário refinar nossa maneira de expressar-nos, a
fim de evitar todo laivo de mal-entendido. Para isso, podemos ater-
-nos diretamente ao Evangelho, cujo conteúdo central é o Reino de
Deus. Contudo, o Reino de Deus quer ser apropriado por pessoas
que vivem na história concreta. Consequentemente, o anúncio de um
Reino do amor, da paz e da justiça também diz respeito ao convívio social. Contudo, os desafios do Evangelho ultrapassam o projeto
político de uma sociedade transformada. Esta deve ser justa e, em
certo sentido, nova nas formas e nos meios pelos quais a dignidade
da pessoa humana é colocada no centro. Para o cristão, a dignidade
humana tem seu mais íntimo fundamento na criação do ser humano
"à imagem de Deus" (Gn 1,26), restaurada por Cristo na medida em
que ele consolidou a amizade de todos os seres humanos com Deus
(cf. Rm 8,29; Gl 4,4-6; Jo 15,15).

As situações de conflito social não devem fazer esquecer que existe uma obrigação do amor universal ao próximo que já não conhece
nem reconhece nenhuma barreira de classe social, raça e sexo. A afirmação de que o ser humano é o portador responsável de seu destino
na história deve ser compreendida de tal sorte que capte, com uma

---

[13] Evangelização no presente e no futuro da América Latina. *Conclusões da III Conferência Geral do Episcopado Latino-americano*, n. 329.

[14] CONCÍLIO VATICANO II. Constituição dogmática *Lumen gentium* sobre a Igreja, n. 1.

sensibilidade especial, a iniciativa da graça de Deus na história da salvação, cuja fim último é o futuro absoluto do ser humano na história. O dom de Deus, "que nos amou primeiro" (1Jo 4,19), demarca efetivamente o espaço do agir humano, que se realiza como resposta livre ao amor obsequioso de Deus.

Inevitavelmente, existem aí desenvolvimentos imperfeitos e falhas humanas. Também houve falhas e omissões na análise de uma nova situação histórica. Desse modo, provocou-se um debate sobre a Teologia da Libertação que excede até mesmo o âmbito eclesial para adentrar-se no campo amplo e sensacionalista dos meios de comunicação de massa. Apesar disso, para além dos falsos argumentos e das acaloradas discussões, ganhou dinâmica um processo que se caracteriza por um respeito mútuo, por objeções argumentativas, por uma exigência de necessários esclarecimentos da parte da autoridade eclesial, por uma nova sensibilidade aos sinais dos tempos, especialmente um anseio por liberdade e libertação, por uma legítima apresentação da dúvida e por um interesse por uma teologia que se aproxima da vida real das comunidades eclesiais. Tudo isso confirma que a busca por uma avaliação teológica das novas realidades carece de uma constante clarificação. As imperfeições na linguagem devem ser suplantadas em favor de uma formulação melhor, que não deixe nenhum espaço para mal-entendidos no âmbito da doutrina da fé. De fato, toda reflexão teológica sempre traz em si os vestígios das circunstâncias do momento em que ela surgiu. Isso vale de modo especial para o começo teológico da Teologia da Libertação, que se desenvolveu nos anos pós-conciliares na América Latina. Nesse período, tratava-se de superar situações difíceis, de dar resposta a certo desafio tácito à compreensão da fé, visando ir ao encontro daqueles que, apesar do impulso missionário do Evangelho à teologia, não conseguem perceber a importância do Evangelho para as realidades sociais e políticas da vida.

É importante, antes de mais nada, reconhecer os riscos e limites e atentar para opiniões diferentes. Esta atitude resulta – convém observar isso – da compreensão do trabalho teológico como serviço ao testemunho e ao anúncio do Evangelho de toda a Igreja, o que já era nosso tema. Na teologia, é preciso estar sempre pronto a "modificar a própria opinião" a fim de "fazer jus à sua função de serviço à comunidade dos fiéis".[15] Este é o sentido do trabalho teológico, e se pode concordar plenamente quando se diz que a formação teológica deve acontecer a partir "da doutrina e da experiência vivida no âmbito da Igreja, na qual o magistério guarda e interpreta autenticamente o 'depósito da fé'".[16]

3. Anunciar o Evangelho hoje

Embora os últimos anos da discussão em torno da Teologia da Libertação tenham sido frequentemente difíceis, trazendo, no entanto, também resultados frutíferos, pode-se constatar, porém, que uma perspectiva central imprimiu-se profundamente na experiência da Igreja. Subentenda-se a "opção preferencial pelos pobres", que nasceu da práxis e da experiência das comunidades cristãs da América Latina. Aludiu-se a ela inicialmente em Medellín, mas em Puebla tornou-se plenamente explícita e aceita. Esta postura – como é sabido de todos – é parte integrante da doutrina universal da Igreja, para o que podem ser arrolados como testemunhas diversos textos do Papa João Paulo II e de várias Conferências Episcopais na América Latina. Se alguma coisa tiver de perdurar desse período da história da Igreja latino-americana e em geral, então é exatamente essa opção como cuidado imediato e expressão direta de um amor constantemente renovado pelos pobres, bem como ponto crucial de uma nova evangelização do continente.

Toda uma série de desenvolvimentos e acontecimentos econômicos, políticos e eclesiais, já no plano mundial, já em contextos

---

[15] JOÃO PAULO II. *Discurso durante o Encontro com os Professores de Teologia em Altötting* (18 de novembro de 1980), n. 3.

[16] CONGREGAÇÃO PARA A EDUCAÇÃO CATÓLICA. *A formação teológica dos futuros sacerdotes* (1976), n. 28.

Ao lado dos pobres

nacionais e latino-americanos, incrementa a convicção de que nos encontramos no fim de uma etapa que abrange o surgimento e o primeiro desenvolvimento da reflexão teológica descrita. Esses anos passados foram certamente estimulantes e bastante criativos, posto que também amiúde cheios de tensões e conflitos. À luz das recém- -surgidas condições de vida (por exemplo, a exacerbação da pobreza ou da impraticabilidade de determinados projetos políticos), muitas das discussões iniciais já não parecem corresponder aos desafios atuais.

Tudo indica que uma nova época se inicia. Emerge sempre mais claramente a necessidade de uma competição de todos pela melhor solução dos enormes problemas da América Latina. Existe visivelmente uma restauração do tecido social no qual, outrora, havíamos buscado um ponto de partida para o anúncio do Reino de Deus. As novas situações demandam novos métodos de uma práxis libertadora. No caso, trata-se de estar atentos e não retroceder nem a um "verticalismo de uma união espiritual com Deus desencarnada, nem ao simples personalismo existencial feito de laços entre indivíduos ou pequenos grupos, nem muito menos ao horizontalismo socioeconômico-político".[17] Ambos os extremos (verticalismo e horizontalismo) ofendem, cada um à sua moda e ao mesmo tempo, a transcendência e a imanência do Reino de Deus, na medida em que estas duas dimensões não se deixam separar uma da outra.

O conteúdo básico que pervaga o texto de Santo Domingo é um eco das exigências da situação atual. É um chamamento enérgico à colaboração em uma *nova evangelização* do continente. Justamente a preocupação em torno da nova evangelização esteve sempre presente desde os preparativos para Medellín. No entanto, esse programa ganhou novo vigor com o veemente apelo de João Paulo II no Haiti (1983), neste paupérrimo e esquecido país da América Latina. Perante o Celam (Conselho Episcopal Latino-americano), o Papa falou da

---

[17] Puebla (como na nota 13), n. 329.

"nova evangelização. Nova no ardor, em seus métodos e expressões". Santo Domingo fez dessa perspectiva um de seus temas centrais e uma de suas metas pastorais prioritárias. A teologia elaborada no contexto da América Latina encontra aqui um fecundo campo de cooperação com a missão eclesial de anunciar o Evangelho. Aproveitando os êxitos e evitando os erros dos anos passados, o discurso teológico pode ser útil para encontrar um caminho e uma linguagem que cheguem até os pobres deste continente, os primeiros "a sentir a urgente necessidade desse Evangelho de uma libertação radical e integral". Negar isso, acrescenta o Papa, outra coisa não seria senão enganar os pobres e fazê-los decepcionar-se com o Evangelho.[18]

Santo Domingo sublinha um segundo tema do qual se depreende uma importante meta pastoral: *o progresso humano*. No caso, não se trata absolutamente de um aspecto estranho e marginal. Ao contrário, diversos textos do magistério dos últimos anos insistiram com toda a veemência que o compromisso com a dignidade humana constitui um componente do serviço à evangelização. É a dignidade humana que é posta em questão pelo "crescente empobrecimento a que estão submetidos milhões de irmãos nossos (...), o mais devastador e humilhante flagelo que vive a América Latina e o Caribe e que, em grande parte, é consequência do neoliberalismo cada vez mais dominante".[19]

A problemática é tão dramática que a Igreja nada pode fazer senão enfrentá-la. As reflexões biblicamente inspiradas sobre a pobreza, bem como também as belas experiências de solidariedade do passado são aqui de grande valor. No entanto, elas não podem obscurecer quão nova e delicada a situação atual se apresenta. A diligente renovação da doutrina social da Igreja, por parte do João Paulo II, oferece não somente critérios para um convívio social harmônico das pessoas e para a construção de uma nova sociedade justa, edificada no

---

[18] JOÃO PAULO II. *Carta aos Bispos da Conferência Episcopal dos Bispos do Brasil*, n. 6.

[19] Santo Domingo, n. 179.

Ao lado dos pobres

respeito pela vida e pela dignidade humana, mas também estimula o labor teológico e leva a um fecundo campo da pesquisa em torno do ambiente sócio-histórico da América Latina. Esses textos devem lembrar-nos de que o valor da paz, da justiça e da liberdade não são simplesmente metas de uma obrigação do comportamento social individual, mas que devem inspirar a busca por métodos adequados para a configuração de uma sociedade na qual os direitos de todos são respeitados.

Como terceiro elemento de uma nova evangelização, deve-se mencionar a inculturação. A meta é precisamente uma *evangelização inculturada*.

Inculturação é um termo novo, mas que designa apenas uma realidade antiga e que, para o cristão, tem uma ressonância na encarnação. A Palavra eterna de Deus quer encarnar-se nos ambientes vitais, nas situações históricas concretas e nas diversas culturas. Com isso não se questiona de forma alguma a transcendência da Palavra de Deus (no sentido em que Deus não permaneceria soberano em relação à assunção da condição humana por parte de sua Palavra), mas, antes, confirma-a e concretiza-a. Essa nova perspectiva pôs o dedo na ferida de um continente de tão considerável diversidade étnica e cultural. As culturas e os valores das populações indígenas e negras na América Latina representam uma imensa riqueza que quer o respeito dos que são responsáveis pelo anúncio do Evangelho. Aqui, estamos diante de uma tarefa enorme e premente, que mal foi começada e que será um tenso desafio para a reflexão teológica.

Conforme foi mostrado, há três orientações pastorais preferenciais e três objetivos e, portanto, também três campos da reflexão teológica. Todos esses temas servem ao anúncio do "Evangelho da libertação".[20] Assumir essa perspectiva outra coisa não significa senão "defender a opção pelos pobres no sentido do Evangelho (...) e assim seguir o exemplo e as palavras do Senhor Jesus".[21] De fato,

---

[20] Ibid., n. 287-301.
[21] Ibid., n. 180

Cristo é o fundamento último dessa opção e das mencionadas diretrizes pastorais. Ele, como "Filho do Deus vivo", é "a única razão de nossa vida e fonte da nossa missão".[22]

Por essa razão, a opção preferencial pelos pobres provoca-nos não somente uma aquisição séria e responsável das causas e dos panos de fundos da miséria e da pobreza. Sua importância também não se confina ao uso de métodos pastorais mais eficazes e a um aprofundamento da reflexão teológica. Essa opção deve também impregnar profundamente nossa espiritualidade, a saber, no sentido do seguimento de Jesus, que é "caminho, verdade e vida" (Jo 14,6). Sua morte e sua ressurreição conferem um caráter ao percurso histórico da Igreja e de cada um dos cristãos.

Ser teólogo, aliás, ser cristão, significa: ir aprender sempre de novo o caminho do seguimento de Jesus. Tal como Maria, ele guardará "todas estas coisas no coração" (Lc 2,51), ou seja, as ações e as palavras nas quais Deus se revela. Sejam quais forem os contextos históricos nos quais um cristão deva viver, ou as discussões nas quais se veja envolvido, o seguimento de Jesus sempre significará levar uma vida que é alimentada pela realização da vontade do Pai que está no céu (cf. Jo 4,34). A dimensão contemplativa e a práxis da oração são essenciais para a vida cristã.

Com palavras penetrantes e comoventes, Puebla convida-nos a "descobrir nos rostos sofredores dos pobres o rosto do Cristo sofredor".[23] Santo Domingo renova essa recomendação e propõe-nos um prolongamento da lista dessas feições sofredoras que vivem neste continente torturado.[24] Essa descoberta do Cristo nos pobres e a solidariedade com eles é um caminho privilegiado – ou seja, que faz jus a seu desafio histórico –, pelo qual o Espírito Santo nos guia ao Pai através de Jesus Cristo, o mediador.

---

[22]   Ibid., n. 288.

[23]   Cf. Puebla, n. 31-39.

[24]   Santo Domingo, n. 178s.

Capítulo II

Experiência libertadora: estímulo para a teologia europeia

GERHARD LUDWIG MÜLLER

Em minha opinião, o movimento eclesial e teológico que, depois do Concílio Vaticano II, na América Latina, sob o nome de "Teologia da Libertação", encontrou eco mundial inclui-se entre as mais significativas correntes da teologia católica no século XX.

Se é verdade que o Concílio foi o acontecimento eclesial decisivo neste século, então se pode dividir a história da teologia em duas fases, a saber, uma fase preparatória, mais ou menos desde o final da Primeira Guerra Mundial, e uma fase de processamento e de implementação depois do Concílio, a partir de 1965.

Para o período desde 1920, devem-se evocar à memória todos os movimentos de renovação, como, por exemplo, o movimento bíblico-litúrgico, os grandes projetos da doutrina social da Igreja e a renovação da concepção de Igreja, que levaram ao concílio, marcaram-no e foram integrados à tradição geral da Igreja nos documentos conciliares.

Em seguida, devem-se mencionar os diversos movimentos que se inspiraram no concílio, que desejavam assumir seus impulsos e suas orientações e colocá-los em prática nos grandes desafios do mundo moderno. Nesse contexto, no âmbito das duas Constituições *Lumen gentium* e *Gaudium et spes*, a Teologia da Libertação ganha a maior importância.

Se quisermos compreender qual a mudança de rumo que realmente aconteceu no Concílio, devemos olhar não somente para algumas afirmações conteudísticas; devemos também apreciar as novas categorias que foram utilizadas para a apresentação da origem e da missão da Igreja no mundo de hoje. A Revelação é entendida não como informação sobre fatos sobrenaturais que nós, em razão da autoridade de Deus, obedientes, acatamos exteriormente, a fim de que, após a morte, sejamos recompensados com uma felicidade no além. Revelação é, antes, autocomunicação do Deus triuno na encarnação do Filho e na efusão definitiva do Espírito Santo, de modo que Deus mesmo pode ser acolhido e reconhecido como verdade e vida de cada ser humano e como meta substantiva da história da humanidade.

Por conseguinte, a Igreja não é uma entre outras comunidades religiosas, que, de modo mais ou menos puro, põe em prática o ideal de seu fundador e que pode ser medida por um etos iluminista de felicidade da humanidade, que no atual paradigma do pluralismo religioso é exaltado como "soteriopráxis". Em Jesus Cristo, ao contrário, a Igreja é sinal e instrumento do desígnio salvífico de Deus para todos os seres humanos. A Igreja, como comunhão dos fiéis, serve à humanidade com a Palavra de Deus, com a realização sacramental de sua salvação vivificante e a prova do ser-para-o-outro de Cristo no serviço aos pobres, aos desamparados e às pessoas que foram defrau-dados em sua dignidade e justiça.

No concílio, são determinantes as formas de pensamento filosófi-co-antropológicas do pessoal, do dialógico e do comunicativo. Desse modo, o destinatário da autocomunicação de Deus é totalmente le-vado a sério como pessoa e particularmente como pessoa no contex-to de sua incorporação corporal-material no espaço da história, da sociedade e da cultura. Por meio da fé em Cristo, a Igreja, como co-munidade, obtém sua identidade e distingue-se claramente de outras crenças e religiões. Sem precisar levantar uma pretensão totalitária, resulta que a Igreja e, portanto, toda a comunidade cristã e cada cris-tão individualmente, a partir da fé, deve assumir responsabilidade pela sociedade humana como um todo nos campos do mundo do trabalho, da economia internacional, da justiça social e individual, da paz no mundo e assim por diante.

Depois dessa primeira localização, feita em termos gerais mas de maneira completamente crítica, da teologia da Libertação na história da teologia do século XX, agora se trata de salientar os estímulos e as interações entre a teologia latino-americana e a europeia. Para esse fim, em um primeiro passo, gostaria de ressaltar os duradouros resultados da Teologia da Libertação e, em seguida, num segundo passo, refletir sobre a relação com o contexto europeu. Para além da formulação dos temas, em um terceiro passo deve-se transpor o clás-sico confronto do "Nós, na Europa" e "os outros", na América Latina, para uma perspectiva universal de "Nós, como Igreja universal" a "serviço do mundo".

1. Nova compreensão da Teologia: reflexão teológica no serviço a Deus de uma práxis libertadora

No que diz respeito ao conceito, "Teologia da Libertação" remonta ao título de uma conferência que Gustavo Gutiérrez fez em 1968, no norte do Peru, em Chimbote. Essa formulação serve também de título para seu livro *Teologia da Libertação*, de 1971, com que a Teologia da Libertação tornou-se mundialmente conhecida. Na décima edição reelaborada de 1992, encontra-se também uma abrangente introdução. Nela, ele esclarece determinados conceitos ambíguos, como, por exemplo, a opção preferencial pelos pobres, a luta de classes, a teoria da dependência, o pecado estrutural ou social. Ao mesmo tempo, neutraliza convincentemente as objeções de horizontalismo e de um imanentismo do Cristianismo, que jamais deve ser instrumentalizado para o programa ideológico de um suposto paraíso sobre a terra, criado pelo ser humano. À diferença da teologia existencialista de proveniência europeia, a Teologia da Libertação não indaga apenas em que Deus, a graça e a revelação contribuem para a autocompreensão dos cristãos na burguesia bem instalada e socialmente assegurada. A Teologia da Libertação compreende o trabalho teológico como participação transformadora e, portanto, prática, na abrangente ação libertadora inaugurada por Deus, mediante a qual o agir histórico do ser humano é capacitado e chamado ao serviço da libertação e da humanização do ser humano.

Deve-se salientar que a Teologia da Libertação não é um construto teórico que surgiu de uma escrivaninha. Ela vê-se em continuidade com o desenvolvimento geral da teologia católica nos séculos XX e XXI. Tendo em vista as novas estruturas sociológicas que resultaram da mudança radical para a moderna sociedade industrial, para a globalização dos mercados e da interação em rede de todos os sistemas de comunicação, deve-se aqui fazer referência ao *ensinamento social dos papas*, a começar pela encíclica *Rerum novarum*, de Leão X, passando pela encíclica *Populorum progressio*, de Paulo VI, até João XXIII, que disse que a Igreja deveria colocar-se ao lado dos pobres. A isso se acrescentam os extensivos escritos doutrinais e as atividades do Papa João Paulo II.

Uma fonte especial para a Teologia da Libertação é a Constituição pastoral do Concílio Vaticano II *Gaudium et spes*, sobre a Igreja no mundo de hoje. Na Constituição eclesial *Lumen gentium*, o concílio já apresentara a Igreja não como uma comunidade religiosa separada do mundo e autossuficiente, mas como sacramento da salvação do mundo. Na medida em que a Igreja, como sinal e instrumento, age em prol da unidade de Deus com os seres humanos e destes entre si, ela mostra-se como serva da salvação que Deus historicamente, de modo único e definitivo, realizou em Jesus Cristo e que ele, no Espírito Santo, tornou princípio perene da história humana e da construção de uma sociedade dignamente humana. Assim, as grandes Assembleias Episcopais Latino-americanas de Medellín (1968), Puebla (1979) e Santo Domingo (1992) se compreenderam como uma implementação e concretização da tendência geral da teologia católica no século XX no contexto social, cultural e espiritual do subcontinente latino-americano. Para isso, foi também fundamental a nova e abrangente compreensão da Igreja do Concílio Vaticano II na América Latina. A divisão da Igreja em um pequeno círculo de responsáveis, bispos, sacerdotes e religiosos que pertencem à classe branca da população, ou seja, que vieram como missionários estrangeiros, de um lado, e em uma população proveniente dos assim chamados índios dos povos autóctones, descendentes de escravos e mestiços – a qual era mantida na passividade e na imaturidade, assistida apenas com a oferta de ritos religiosos –, de outro, divisão essa que remonta ao período colonial e ainda hoje se faz sentir, é completamente incompatível com a compreensão de Igreja do concílio.

De acordo com a indicação bíblica e a própria tradição teológica da eclesiologia, os leigos, homens e mulheres, bem como sacerdotes, catequistas e freiras estrangeiros e – em crescente número e importância – autóctones, todos eles se compreendem como portadores da missão comum da Igreja. Os milhares de comunidades de base são uma prova viva de uma identificação imediata do povo com a Igreja. A Igreja já não é Igreja apenas para o povo, nem tampouco apenas Igreja do povo, mas a Igreja é o povo de Deus entre as nações, oriundo das nações da terra, e ela é, portanto, o povo de Deus para o mundo.

Os pobres e desclassificados, em razão de um profundo encontro interior com o Evangelho, compreendem-se em sua dignidade de pessoas diante de Deus, na medida em que colaboram ativamente na vida da comunidade eclesial, cumprindo, assim, a missão da Igreja como sacramento da salvação do mundo. Com isso, surge também uma nova compreensão da teologia. O teólogo profissional não se contrapõe aos fiéis ou aos não especialistas como perito em religião. Ele se entende, tal como todos os discípulos, como ouvinte e aprendiz diante do único Mestre e Palavra de Deus, isto é, Cristo. Desse modo, ele penetra no contexto de experiência da fé e da religiosidade da vida do povo, ou seja, da comunidade daqueles que professam a fé em Jesus Cristo e ousam percorrer o caminho de seu seguimento na existência – para os outros. Ele participa de seus sofrimentos e de suas esperanças. Desse modo, Teologia da Libertação, no melhor sentido da palavra, é teologia contextual, crescida a partir da comunidade. Assim também, supera-se a fissura entre uma teologia universitária erudita e uma reflexão de fé a partir das experiências concretas das comunidades.

Em seu livro *Deus ou o dinheiro* (Freiburg, 1990), Gutiérrez mostra, em um exemplo, o caminho de uma teologia meramente reflexiva para uma teologia que cresce no seguimento de Cristo e, dessa forma, também, serve à libertação. Trata-se do caminho libertador do famoso padre dominicano, e mais tarde bispo, Bartolomeu de las Casas, que, no começo da colonização espanhola, ao lado de diversos outros teólogos provenientes das ordens dominicana e jesuítica, apareceu como pioneiro na luta pelos direitos humanos e pela dignidade humana dos índios. De resto, é por demais desconhecido que houve sobretudo teólogos espanhóis, como Francisco de Vitória, em Salamanca, entre outros, que, com sua crítica contra a interdição das populações latino-americanas, encaminharam temas dos direitos humanos e do direito dos povos já duzentos anos antes do Iluminismo.

A Teologia da Libertação não apela a uma nova revelação. Pretende ser apenas uma maneira de enfatizar a colaboração dos cristãos na práxis de Deus transformadora do mundo. Destarte, Gutiérrez chega, por assim dizer, a uma descrição definidora:

> A teologia como reflexão crítica da práxis histórica é assim uma teologia libertadora, uma teologia da transformação libertadora da história da humanidade, portanto, também da porção dela – reunida como *ecclesia* – que confessa abertamente Cristo. Uma teologia que não se limita a pensar o mundo, mas busca compreender-se, mas procura situar-se como um momento no processo por meio do qual o mundo é transformado: abrindo-se – no protesto diante da dignidade humana pisoteada, na luta contra a espoliação da imensa maioria da humanidade, no amor que liberta, na construção de uma nova sociedade, justa e fraterna – ao dom do Reino de Deus.[1]

Deve-se enfatizar que salvação e libertação são sinônimas para o confronto abrangente e holístico do ser humano com Deus que, em Jesus Cristo, envolveu-se com os seres humanos sofredores e carentes de salvação. Gutiérrez distingue na libertação, ou antes, no pecado, três dimensões: o pecado, no fundo, é a ruptura da amizade com Deus e com os semelhantes e, portanto, raiz de todas as escravidões interiores e exteriores do ser humano. Isso se mostra em um segundo aspecto: que devemos libertar-nos da escravidão interior dos poderes de uma inconsiderada ganância, na medida em que nós, em um terceiro nível, tentamos superar, no sentido do seguimento de Cristo, a opressão, a marginalização, a exploração e as homicidas anomalias econômicas e sociais que aí se manifestam – este é o pecado social e estrutural como manifestação do pecado pessoal.

Nesse contexto, devem-se distinguir também os conceitos de pobreza e de fome. Do ponto de vista bíblico, a pobreza significa ora a miséria degradante do ser humano, ora a descrição da necessidade geral de redenção dos seres humanos a quem o Evangelho é anunciado, ora, por fim, a pobreza como abertura e disponibilidade espiritual para o serviço ao Reino de Deus. A pobreza, como conselho evangélico, não significa de forma alguma que o cristão entre

---

[1] GUTIÉRREZ, G. *Teologia da Libertação*. São Paulo: Loyola, 2000, pp. 73-74.

espontaneamente em uma situação humanamente aviltante. Aquele que, como religioso, faz voto de pobreza, renuncia à propriedade particular a fim de, na oração e no trabalho, empenhar-se totalmente na missão da comunidade religiosa, por exemplo, no serviço aos doentes ou das pessoas empobrecidas, ou a serviço da formação e educação na escola e na universidade. Nesse sentido é que se deve compreender também a famosa formulação do Papa João Paulo II que, em uma carta aos bispos brasileiros, ressaltou a necessidade da Teologia da Libertação. Por esta ele se deixou inspirar quando, em Villa El Salvador, um bairro pobre de Lima, perante milhões de pessoas exclamou: "A fome de pão deve desaparecer, mas a fome de Deus permanecerá".

A Teologia da Libertação não é uma sociologia religiosamente guarnecida ou um tipo de socioteologia. Teologia da Libertação é teologia em sentido estrito.

O fundamento é a fé em que Deus criou o ser humano à sua imagem e que, em seu Filho Jesus Cristo, se comprometeu com esse ser humano a ponto de Jesus ter assumindo a morte à qual seus adversários o condenaram. A meta é, em todas as dimensões da vida humana, dar a conhecer Deus como o Deus da vida e vencedor da morte. A Teologia da Libertação supera todos os dualismos que querem banir Deus para o além e a salvação para uma interioridade. O ser humano encontra-se na tensão interior do ser interpelado por Deus na criação, na história da salvação, e da esperada plenitude, para além dos limites da morte individual e do fim geral da história. A fé cristã significa participar, compreendendo e agindo, do processo de transformação da história, o qual Deus, na ação salvífica de Jesus Cristo, revelou definitivamente como movimento em direção a ele. Aqui não é, em absoluto, questão de um primado da ortopráxis sobre a ortodoxia. Quando se fala do primado da práxis, pretende-se nada menos do que uma redução do Cristianismo a uma ética. Trata-se de uma participação na práxis de Deus no amor, que só pode ser reconhecido na fé na Palavra da autorrevelação de Deus.

Experiência libertadora: estímulo para a teologia europeia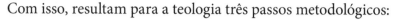

Com isso, resultam para a teologia três passos metodológicos:

Primeiro: na fé, os cristãos participam ativamente, no seguimento de Cristo, da práxis de Deus da libertação do ser humano para sua dignidade pessoal e para sua salvação. Mediante a análise da sociedade, a Teologia da Libertação recorre também aos métodos das ciências humanas e sociais. Desse modo, ela distingue-se da teologia clássica, na medida em que não tem somente a filosofia como interlocutora. Aqui, os questionamentos críticos da Congregação para a Doutrina da Fé encontram sua justificativa (*Libertatis nuntius*, 1984), na medida em que se advertiu para uma avaliação diferenciada dos resultados das ciências sociais e das reduções ideológicas frequentemente ligadas a eles. As antropologias empíricas devem ser explicadas à luz de uma antropologia filosófica e teológica e, portanto, tornar-se útil para o questionamento teológico. Conforme é notório, na segunda Declaração da Congregação para a Doutrina da Fé (*Libertatis conscientia*, 1986), a Teologia da Libertação foi reconhecida em sentido amplo. Recentemente, a Encíclica *Fides et ratio* ressaltou expressamente que, no que diz respeito à teologia, não se trata apenas de uma interpretação imanente à fé dos textos e realizações cristãos, mas que somente no diálogo com a filosofia e com as ciências humanas e sociais é que a teologia pode prestar seu serviço à verdade do ser humano no horizonte de sua referência a Deus.

Como *segundo* passo metodológico, segue-se agora a reflexão crítica e racional da análise da sociedade, das causas nacionais e internacionais, bem como das dimensões históricas e estruturais da miséria das massas à luz do Evangelho e de acordo com a revelação.

Por fim, em um *terceiro* passo, é preciso lidar com uma mudança criticamente refletida e ativa da realidade empírica. Com efeito, a meta é o reinado de Deus sobre a terra, como Jesus o anunciou. O Reino de Deus, no caso, deve ser entendido como um princípio dinâmico que faz da situação concreta das pessoas que sofrem o distanciamento em relação a Deus a força motriz da configuração da vida humana e social. Daí resulta a opção preferencial pelos pobres e pelas pessoas privadas de sua dignidade humana. A opção pelos pobres não exclui os ricos. De fato, também eles são meta do agir libertador de Deus, nisso que eles são libertados da ansiedade na qual julgam dever aproveitar a vida somente à custa dos outros. O agir libertador de Deus em relação a pobres e ricos visa à subjetivação do ser humano e, portanto, à sua liberdade perante toda forma de opressão e de dependência.

Que a redenção deva ser compreendida como agir libertador, mostra-o já o Antigo Testamento na experiência do Êxodo. Aos israelitas escravizados, Deus não aponta um mundo vindouro melhor, mas os conduz para a terra da promessa, que é uma terra da liberdade. A ação libertadora de Deus culmina no evento Cristo. Jesus anunciou o Reino de Deus como Evangelho para os pobres, os excluídos, os doentes. Jesus manifestou o agir libertador de Deus ainda também perante a resistência dos pecadores, na medida em que atestou, até a própria morte, o amor de Deus como o fundamento da existência humana no viver e no morrer. Através da cruz e da morte de Jesus, Deus preparou o mundo como o campo da nova criação que se vai impondo. A cruz é, portanto, a revelação da opção de Deus pelos sofredores, dos que foram privados de seus direitos, dos torturados e assassinados. Na ressurreição de Jesus dos mortos, Deus mostrou original e exemplarmente para todos o que a vida realmente é, e como a liberdade pode implementar-se em um poder-existir para os outros e em uma luta por condições de existência humanamente dignas.

Pode-se, com Gustavo Gutiérrez, caracterizar assim a Teologia da Libertação em seu resultado essencial:

> A Teologia da Libertação tornar-se-á uma nulidade se não conseguir dinamizar a ação da comunidade cristã no mundo e não permitir que o compromisso com o amor seja pleno e radical, ou seja, concreto: se ela não conseguir que a Igreja na América Latina, sem grandes rodeios, se decida colocar-se ao lado da classe explorada e oprimida dos povos (...) Devemos precaver-nos de sucumbir a uma autossatisfação intelectual e a um tipo de triunfalismo que consiste em "novas" interpretações eruditas e mais avançadas do Cristianismo. A única novidade consiste

em, dia após dia, acolher o dom do Espírito que, em nossa decisão por uma real sororidade entre as pessoas e em nossas iniciativas históricas para a derrubada de uma ordem injusta, nos concede a possibilidade de amar com toda a doação com que Cristo nos amou. Parafraseando um conhecido texto de Pascal, podemos dizer: todas as teologias políticas, toda a teologia da esperança, da revolução e da libertação não valem tanto quanto uma iniciativa séria no sentido da solidariedade com as classes exploradas da sociedade. Elas não compensam uma ação séria da fé, do amor e da esperança, quando aquela – seja como for – se sabe comprometida com o cuidado da colaboração ativa no trabalho que liberta o ser humano de tudo o que o desumaniza e o impede de viver segundo a vontade do Pai.[2]

2. A Teologia da Libertação na tensão entre América Latina e Europa

Nos anos 1970 e 1980, a Teologia da Libertação havia provocado grande repercussão na Europa. O interesse pela América Latina cresceu enormemente, sobretudo entre os jovens cristãos. No contexto da mudança de consciência da revolução estudantil, com a crítica à mentalidade capitalista-burguesa do bem-estar, a Teologia da Libertação foi acolhida como fortalecimento de uma teologia política. A uma piedosa interioridade, reduzida ao âmbito privado, foi contraposta a força transformadora do Evangelho perante estruturas de dependência, exploração e abuso de poder. Os opositores da transformação da sociedade, em contrapartida, falavam do perigo de uma imanentização da fé e de uma mistura de posições com análises neomarxistas da sociedade. Depois da queda do muro de Berlim e do desmoronamento do comunismo reinante no bloco leste, para muitos observadores parecia uma questão de tempo até que a América Latina desistisse de sua resistência e do protesto, verbalizado na Teologia da Libertação, contra a exploração e a degradação que já durava séculos – primeiramente mediante os poderes coloniais e, a

---

[2] Ibid., pp. 352s.

seguir, por meio dos centros econômicos europeu-americanos. A distribuição "natural" dos papéis entre países ricos e pobres parecia novamente equilibrada. Só pode ser culpa do vírus do marxismo – assim se ouve –, se as pessoas, de repente, se opõem ao uso de si mesmas como mão de obra barata e resistem à remoção da matéria--prima de seu país a preço de banana; quando elas já não querem renunciar a uma assistência médica básica, a uma administração estatal orientada pelo direito e pela lei, a uma educação e a uma moradia sob condições dignamente humanas.

No sentimento de triunfalismo de um capitalismo presumivelmente vitorioso, misturava-se também a maliciosa alegria de que à Teologia da Libertação também lhe estaria tirando o chão sob os pés. Acreditava-se ter vitória fácil sobre ela na medida em que foi colocada em conexão com a violência revolucionária e o terrorismo de grupos marxistas.

No notório documento secreto para o Presidente Reagan, o Comitê de Santa Fé desafiou, em 1980, o governo dos EUA a avançar ofensivamente contra a Teologia da Libertação e a Igreja Católica latino-americana marcada por ela:

> Na América Latina, o papel da Igreja é vital para o conceito de liberdade política. Infelizmente, as forças marxistas-leninistas utilizaram a Igreja como arma política contra a propriedade privada e o sistema capitalista de produção, infiltrando a comunidade religiosa de ideias mais comunistas que cristãs.[3]

O perturbador nesse documento é a forma impertinente como os responsáveis por ele, defensores de brutais ditaduras militares e de poderes oligárquicos, fazem de seus interesses pela propriedade privada e pelo meio de produção capitalista critério para o que deve ser considerado cristão.

---

[3]   Cf. EICHER, P. (org.). *Theologie der Befreiung im Gespräch*. München, 1985, pp. 40s.

É preciso ficar claro que propriedade privada, aqui, não significa a pequena fortuna, adquirida com suor, mas a posse de gigantescas porções de terra, o que se contrapõe aos milhões de pequenos agricultores e operários despossuídos e privados de seus direitos. Sobre esse pano de fundo é que se deve ver também a atividade de seitas fundamentalistas patrocinadas política e financeiramente. A luta da Teologia da Libertação por uma visão global da graça e da redenção deve ser defendida enquanto o papel da religião continuar sendo fixado na consolação futura e na edificação interior e, com isso, usada erroneamente como fator de estabilização de uma sociedade socialmente injusta.

Um modelo de desprezo pelo ser humano foi causado pelo avanço de determinadas instituições oriundas da América do Norte, gêneros alimentícios e suprimentos, para tornar o Peru dependente de uma drástica diminuição da taxa de natalidade. Essa condição foi preenchida pelo governo peruano na medida em que, por trás da cortina de pesquisas em torno da saúde, homens e mulheres, sem conhecimento e contra sua vontade, receberam injeções de substâncias contraceptivas ou foram absolutamente esterilizados. O lema, aqui, parece soar: combate à pobreza mediante a diminuição dos pobres. Na medida em que se infere que a alta taxa de natalidade é a causa da miséria, desvia-se das verdadeiras causas. No Peru, que é cinco vezes maior do que a Alemanha e tem cinco vezes menos habitantes, dificilmente se pode falar de superpopulação. Quem, a partir da própria experiência, conhece as mil e uma formas de degradação das pessoas, sua escravização e exploração, já não se deixará convencer pela tão famosa eficiência e superioridade do capitalismo.

A fim de evitar mal-entendidos, é indispensável um esclarecimento do termo "capitalismo". No contexto latino-americano, a palavra capitalismo representa o esforço ilimitado por riqueza pessoal erigido como único princípio do agir humano. Esse tipo de capitalismo nada tem a ver com uma livre iniciativa na qual o ser humano insere seu trabalho e sua capacidade no funcionamento de uma economia de mercado no contexto de um estado de direito construído democraticamente.

Perante o malogro do sistema meramente capitalista e da mentalidade desumana que lhe é inerente, a Teologia da Libertação mantém atualidade imediata. Fundamentalmente, o que a difere do marxismo e do capitalismo é justamente o que une estes dois sistemas, apesar de toda a mútua oposição: a saber, uma imagem do ser humano e uma concepção de sociedade onde Deus, Jesus Cristo e o Evangelho não podem desempenhar nenhum papel para a humanização da pessoa no aspecto individual e social. O comunismo devia fracassar, porque se baseava em uma antropologia deficiente. Ele nem valorizou o ser humano como ideal nem levou em conta o egoísmo inato do ser humano. No entanto, desdenhou a referência do ser humano a Deus e, portanto, abafou a realidade do pecado e da graça, do perdão e de uma possível vida a partir do dom da justiça de Deus. Mas também o capitalismo desenfreado falhou, porque tem por base a mesma antropologia imperfeita, na suposição de que se poderia definir o ser humano sem Deus e construir uma sociedade sem o recurso à palavra e à graça de Deus. Se por capitalismo não se entender uma economia de mercado determinada pela justiça e pela dignidade humana, mas uma antropologia do direito do mais forte, então a expressão de que a democracia só poderia funcionar sob as pressuposições do capitalismo deve ser discutida em princípio.

No sentido moderno, a democracia não repousa sobre as decisões da maioria ou sobre a percepção inconsiderada dos direitos individuais. A democracia enraíza-se no ato do reconhecimento dos direitos humanos que escapam a toda manipulação governamental ou econômica; por conseguinte, a democracia moderna tem suas raízes e a garantia de sua permanência em um ato de fé na existência de um poder superior, perante o qual o ser humano deve ser responsável por seu comportamento em relação a seu semelhante. Por esta razão, a Teologia da Libertação é uma ocupação originalmente democrática e defensora da ameaça aos direitos humanos, diante das ideologias totalitário-marxistas ou neoliberal-capitalistas que espreitam a América Latina e a Europa.

A Teologia da Libertação não estará morta enquanto as pessoas se deixarem instigar pelo agir libertador de Deus e fizerem da solidariedade para com os semelhantes sofredores, cuja dignidade é jogada na lama, a medida de sua fé e a força motora de seu agir social. Em resumo, ela significa crer em Deus como um Deus da vida e garantidor de uma salvação do ser humano, entendida holisticamente, e opor-se aos ídolos que significam morte prematura, pobreza, redução à miséria e degradação do ser humano.

Com frequência, Gutiérrez afasta o mal-entendido da Teologia da Libertação em seus simpatizantes e em seus opositores, segundo o qual aqui estariam inseridos teólogos que se interessam de modo especial pela dimensão social e política da vida humana, e nisso tratariam um pouco, de forma amadora, de áreas que lhes são estranhas, como a economia, a política e a sociologia, enquanto perdem de vista os temas próprios da teologia, a saber, a referência fundamental do ser humano a Deus. Em contrapartida, quem leva a sério o princípio da Teologia da Libertação não ficará surpreso nem com o princípio estritamente teocêntrico e cristocêntrico nem com a conexão com a comunidade viva da Igreja.

Tal como Dietrich Bonhoeffer, no contexto europeu da secularização, descobrira nos não crentes os interlocutores próprios da teologia cristã na medida em que indagava: "Como se pode falar de Deus em um mundo que se tornou adulto?", assim Gustavo Gutiérrez, tendo em vista os interlocutores na América Latina, crentes, em sua maioria, indaga: "Como se pode falar de Deus perante o sofrimento, a morte precoce e os pobres da América Latina, feridos em sua dignidade pessoal?".

A tentativa de uma íntima conciliação do discurso de Deus com a parcialidade concreta em favor do ser humano, que espera a salvação completamente de Deus, já foi empreendida por autores como Maurice Blondel, Henri de Lubac, Juan Alfaro e Karl Rahner, que não foram sem importância para a história do surgimento da Teologia da Libertação. Estamos falando da discussão, altamente atual, na época, em torno do relacionamento entre natureza e graça, que é crucial para a nova definição geral da relação do Cristianismo com a visão do ser humano secular e autônomo, iluminismo europeu e moderno. Enunciada brevemente, a questão soa assim: existem duas ordens paralelas, uma determinação secular-autônoma do destino do ser humano e uma revelação sobrenatural, de modo que o ser humano se move em dois círculos de pensamento e de vida, que existem completamente independentes um do outro? Ou o ser humano, em sua íntima unidade pessoal e em seu meio, é interpelado por Deus e chamado a uma modelação religiosa e ética de sua existência individual e social?

Na abordagem de uma concepção teológica que compreende a revelação como síntese da libertação do ser humano por Deus e como cooperação do ser humano no agir libertador e redentor de Deus, criação e redenção, fé e configuração do mundo, transcendentalidade e orientação imanente, história e escatologia, relação espiritual com Cristo e identificação com ele em uma vida de seguimento constituem uma inseparável unidade de relacionamento. Com isso, a teologia da libertação ultrapassa o rígido esquema de um dualismo aquém-além, no qual a religião é reduzida a uma vivência mística do indivíduo. Ali a religiosidade teria apenas a função de motivar uma moral individual ou uma ética social.

Como perspectiva central, a "opção preferencial pelos pobres", que nasceu da práxis e da experiência das comunidades cristãs latino-americanas, marcou profundamente a experiência da Igreja. O serviço à práxis libertadora realiza-se no horizonte de uma imagem teocêntrica do ser humano e de uma parcialidade de Deus voltada para o ser humano, em prol das pessoas carentes de redenção.

Tudo indica que uma época completamente nova começa. Emerge sempre mais claramente a necessidade de uma concorrência de todos pela melhor solução dos enormes problemas da América Latina. Existe claramente uma restauração da estrutura social na medida em que havíamos buscado um ponto de partida para o anúncio do Reino de Deus. A nova situação exige novos métodos de uma práxis libertadora. Aqui, é preciso ficar atento para não retroceder nem ao "verticalismo de uma desencarnada união espiritual com Deus, nem a um simples personalismo existencial de laços entre indivíduos ou pequenos grupos, nem muito menos ao horizontalismo socioeconômico-político".

Ambos os extremos (o do verticalismo e o do horizontalismo), cada um, a seu modo e ao mesmo tempo, ofendem a transcendência e a imanência do Reino de Deus, na medida em que estas duas dimensões não se separam uma da outra.[4]

3. Um novo sentimento-nós da Igreja e o serviço à salvação dos outros

No período entre o século XVI e o século XX, o relacionamento entre a América Latina e a Europa foi marcado pelo encontro, ou seja, pelo choque de culturas religiosas. Hoje, na Europa, depois da passagem pelo Iluminismo, pela crítica da religião e da secularização, a consciência da maior parte das pessoas dessas comunidades europeias – a equação da cultura cristã e da fé cristã – tornou-se obsoleta. Mas também na América Latina já não se apresenta nenhuma unidade cultural. No período da interligação econômica, das estratégias globais de mercado, mas também de sistemas religiosos e ideológicos concorrentes na sociedade mundial pluralista, praticamente já não tem sentido a comparação de um sujeito coletivo europeu ou latino-americano.

A que "nós" se refere alguém que diz "nós, na Europa"? Depois que a Igreja, o mais tardar desde o Concílio Vaticano II, transpôs sua catolicidade também em uma realidade palpável e redefiniu sua

---

[4] GUTIÉRREZ, G. *Teologia, uma tarefa eclesial*, nesta obra, p. 25.

missão como sacramento da salvação do mundo, o "nós" já não pode ser determinado nem regional nem culturalmente. Em várias partes do mundo, pode-se constatar que os cristãos definem sua identidade cristã imediatamente por sua pertença a Cristo e não, por exemplo, mediante o desvio da cultura europeia cristãmente marcada. O cristão europeu não vê suas raízes, de forma alguma, mencionadas em uma ligação – certamente a ser avaliada de modo diferenciado – com "a cultura cristã-ocidental", caso ele não se defina a partir do ato de fé em Cristo e descubra nessa ligação pessoal com Cristo o nós da Igreja a partir de e nos povos da terra, e aceite o nós da Igreja como coessencial de sua fé.

Depois que deixamos para trás as etapas do colonialismo com postura de superioridade religiosa e exploração capitalista, mas também não podendo aceitar a autoincriminação do eurocentrismo, do paternalismo e do assistencialismo como estação final do relacionamento Europa-América Latina, é preciso buscar um caminho completamente novo para o século XXI. A unilateralidade não estaria, pois, superada, se falássemos apenas de um mútuo dar e receber, ensinar e aprender. Dever-se-ia visar ao reconhecimento de que todos os que creem em Cristo, em todo o mundo, constituem o nós de sua Igreja, e que a partir dessa perspectiva da fé a Igreja universal se realiza reciprocamente na comunidade da Igreja local. A partir dessa unidade, teologicamente definida, de todos os cristãos no interior da comunhão das Igrejas locais, a Igreja pode enfrentar os grandes desafios do mundo moderno e oferecer sua contribuição específica para a formação de uma sociedade universal sobre a base dos direitos humanos individuais e sociais.

A nova determinação do relacionamento da Igreja com o mundo foi expresso de modo claro, praticamente insuperável, no primeiro artigo da *Gaudium et spes*:

> A alegria e a esperança, a tristeza e a angústia dos homens do tempo atual, sobretudo dos pobres e de todos os aflitos, são também a alegria e a esperança, a tristeza e a angústia dos discípulos de Cristo, e

não há nada de verdadeiramente humano que não encontre eco no seu coração. A sua comunidade, com efeito, é formada por homens que, reunidos em Cristo, são guiados pelo Espírito Santo em peregrinação ao Reino do Pai e que acolheram a mensagem da salvação que deve ser proposta a todos. Portanto, a comunidade cristã se sente, de verdade, intimamente unida a todo o gênero humano e à sua história.

Neste novo nós da única Igreja universal em relação a uma humanidade em sua busca de um sentido da existência que supere a finitude em Deus e, ao mesmo tempo, na responsabilidade pela vida terrena, a Teologia da Libertação pode trazer estímulos decisivos.

Com Gustavo Gutiérrez, pode-se resumir, como segue, o benefício permanente da Teologia da Libertação justamente também nos elementos que nós, como Igreja, podemos aprender para o mundo. Tendo em vista Santo Domingo, Gutiérrez elabora três desses temas prementes: a nova evangelização, o progresso humano e a inculturação do Evangelho.

Expressando-o com as próprias palavras de Gutiérrez:

> O conteúdo básico que pervaga o texto de Santo Domingo é um eco das exigências da situação atual. É um chamamento enérgico à colaboração em uma nova evangelização do continente. Justamente a preocupação em torno da nova evangelização esteve sempre presente desde os preparativos para Medellín. No entanto, esse programa ganhou novo vigor com o veemente apelo de João Paulo II no Haiti (1983), neste paupérrimo e esquecido país da América Latina. Perante o Celam (Conselho Episcopal Latino-Americano), o papa falou da "nova evangelização. Nova no ardor, em seus métodos e expressões". Santo Domingo fez desta perspectiva um de seus temas centrais e uma de suas metas pastorais prioritárias. A teologia elaborada no contexto da América Latina encontra aqui um fecundo campo da cooperação com a missão eclesial de anunciar o Evangelho. Aproveitando os êxitos e evitando os erros dos anos passados, o discurso teológico pode ser útil para encontrar o caminho e a linguagem até os pobres deste continente, os primeiros "a sentir a urgente necessidade desse Evangelho de uma libertação radical e integral". Negar isso, acrescenta o papa, outra coisa não seria senão enganar os pobres e fazê-los decepcionar-se com o Evangelho.

Santo Domingo sublinha um segundo tema do qual se depreende uma importante meta pastoral: *o progresso humano.* No caso, não se trata absolutamente de um aspecto estranho e marginal. Ao contrário, diversos textos do magistério dos últimos anos insistiram com toda a veemência que o compromisso com a dignidade humana constitui um componente do serviço à evangelização. É a dignidade humana que é posta em questão pelo "crescente empobrecimento a que estão submetidos milhões de irmãos nossos (...), o mais devastador e humilhante flagelo que vive a América Latina e o Caribe e que, em grande parte, é consequência do neoliberalismo cada vez mais dominante".

A problemática é tão dramática que a Igreja nada pode fazer senão enfrentá-la. As reflexões biblicamente inspiradas sobre a pobreza, bem como também as belas experiências de solidariedade do passado são aqui de grande valor. No entanto, elas não podem obscurecer quão nova e delicada a situação atual se apresenta. A diligente renovação da doutrina social da Igreja, por parte do João Paulo II, oferece não somente critérios para um convívio social harmônico das pessoas e para a construção de uma nova sociedade justa, edificada no respeito pela vida e pela dignidade humana, mas também estimula o labor teológico e leva a um fecundo campo da pesquisa em torno do ambiente sócio-histórico da América Latina. Esses textos devem lembrar-nos de que o valor da paz, da justiça e da liberdade não são simplesmente metas de uma obrigação do comportamento social individual, mas que devem inspirar a busca por métodos adequados para a configuração de uma sociedade na qual os direitos de todos são respeitados.

Como terceiro elemento de uma nova evangelização, deve-se mencionar a inculturação. A meta é precisamente uma *evangelização inculturada.*

Inculturação é um termo novo, mas que designa apenas uma realidade antiga e que, para o cristão, tem uma ressonância na encarnação. A Palavra eterna de Deus quer encarnar-se nos ambientes vitais, nas situações históricas concretas e nas diversas culturas. Com isso não se questiona de forma alguma a transcendência da Palavra de Deus (no sentido em que Deus não permaneceria soberano em relação à assunção da condição humana por parte de sua Palavra), mas, antes, confirma-a e concretiza-a. Essa nova perspectiva pôs o dedo na ferida de um continente de tão considerável diversidade étnica e cultural. As culturas e os valores das populações indígenas e negras na América Latina representam uma imensa riqueza que quer o respeito dos que são responsáveis pelo anúncio do Evangelho. Aqui, estamos diante de uma tarefa enorme e premente, que mal foi começada e que será um intenso desafio para a reflexão teológica.[5]

Nova evangelização, serviço da Igreja a uma sociedade justa e uma nova síntese de fé e cultura moderna são também tarefas principais da Igreja na Europa.

---

[5] Id., *Teologia, uma tarefa eclesial*, nesta obra, pp. 15-16.

Capítulo III

Situação e tarefas da Teologia da Libertação

GUSTAVO GUTIÉRREZ

Os esforços de compreensão da fé, a que chamamos teologias, acham-se estreitamente ligados às perguntas que provêm da vida e dos desafios que a comunidade cristã enfrenta em seu testemunho do Reino (de Deus).[1] Desse modo, a teologia está vinculada ao momento histórico e ao mundo cultural em que surgem essas perguntas (daí que, rigorosamente falando, dizer que uma teologia é "contextual" revela-se tautológico: de um jeito ou de outro, a teologia o é). Esse é um dos elementos que a definem como função eclesial. Obviamente, nas teologias há elementos permanentes, que vêm da

---

[1]   Nota do tradutor [alemão]: Gutiérrez fala frequentemente apenas de "Reino", em vez de "Reino de Deus". Possivelmente, com isso se indica o aspecto não transcendental do Reino de Deus.

mensagem cristã sobre os quais trabalham, mas sua atualidade depende, em grande parte, de sua capacidade de interpretar a forma como é vivida a fé em circunstâncias e em uma época determinadas. A consequência é clara: mutáveis, de seu lado, as teologias nascem em um marco preciso, contribuem (ou devem fazê-lo) para a vida de fé dos que creem e com a tarefa evangelizadora da Igreja, mas os acentos, categorias, termos e enfoques vão perdendo sua capacidade de provocar, na medida em que a situação que os originou já não é a mesma. O que dissemos a respeito da historicidade de toda teologia, inclusive das de maior envergadura ao longo da história do Cristianismo, vale também, evidentemente, para um esforço como o da Teologia da Libertação. A teologia afunda sempre suas raízes na densidade histórica do presente da fé.[2]

Isso nos conduz diretamente à segunda observação. O importante, mais do que perguntar-se pelo futuro de uma teologia como tal, é interrogar-se pela vigência e pelas consequências dos grandes temas da revelação cristã que ela pôde recordar e colocar na consciência dos que creem. No caso da inteligência da fé, em uma ótica libertadora, tratar-se-ia de pontos como o processo de libertação – com todas as dimensões que isso implica – dos pobres da América Latina, a presença do Evangelho e dos cristãos nesse caminhar e, de modo muito especial, a opção preferencial pelo pobre, proposta e estudada nesse tipo de reflexão teológica. Situações e temas que estão em constante evolução. Isso é o que realmente conta.

Talvez uma boa maneira de tratar do futuro de uma perspectiva teológica seja confrontá-la com outras orientações teológicas de hoje, submeter a novo escrutínio seu propósito e seus eixos centrais em

---

[2]   Por essa razão, aos que curiosamente se perguntam se a Teologia da Libertação mantém vigência depois dos acontecimentos simbolizados na queda do muro de Berlim (um fato, sem dúvida, de enorme importância na cena internacional), dever-se-ia recordar-lhes que o ponto de partida histórico dessa reflexão não foi a situação dos países do Leste Europeu. Foi e, certamente, continua sendo a pobreza desumana de nosso continente e a leitura que fizemos dela à luz da fé. Estado de coisas e teologia que, no que tange ao substancial, pouco têm a ver com o colapso do socialismo real.

relação com o momento presente, e lançar, como consequência, um olhar sobre as tarefas que tem pela frente. Com efeito, o futuro não chega, constrói-se; fazemo-lo com nossas mãos e esperanças, nossos fracassos e projetos, nossa obstinação e nossa sensibilidade ao novo. Isso é o que nos propomos apresentar esquematicamente em três passos nas páginas que se seguem.

1. Três grandes desafios contemporâneos à fé

Ao convocar o concílio, João XXIII perguntava e se perguntava como dizer, hoje, o que os cristãos pedem cotidianamente: "Venha o teu Reino". Colocando-se no caminho para encontrar uma resposta a esta pergunta, recuperou um tema bíblico significativo: a necessidade de saber discernir os sinais dos tempos. O que quer dizer estarmos atentos ao devir da história e, mais amplamente, ao mundo no qual vivemos nossa fé: sensíveis a seus apelos, desafiadores e enriquecedores ao mesmo tempo. E alheios, consequentemente, aos temores, às condenações rigorosas e ao fechamento daqueles que o mesmo papa chamava de "profetas de desgraças", atitude de que gostam tanto os que erigem a si mesmos em salvadores dos males da época.

Nessa sequência de ideias, poderíamos dizer, sem nenhuma pretensão de exaustividade e deixando de lado matizes importantes, que a fé cristã e o anúncio do Evangelho confrontam-se hoje com três grandes desafios: o do mundo moderno e o da chamada pós-modernidade, a pobreza dos dois terços da humanidade, e o pluralismo religioso e o consequente diálogo inter-religioso. Os três desafios – que enumeramos em ordem cronológica – apresentam exigências de grande alcance para a vida cristã e para a tarefa da Igreja. Ao mesmo tempo, todos eles oferecem elementos e categorias que permitem tomar novas pistas no entendimento e no aprofundamento da mensagem cristã. É fundamental levar em conta esses aspectos de uma mesma realidade. O trabalho teológico consistirá em enfrentar esses questionamentos que se lhe apresentam como sinais dos tempos e, ao mesmo tempo, discernir neles, à luz da fé, o novo campo hermenêutico que se lhe oferece para pensar a fé e para um falar expressivo de Deus às pessoas de nosso tempo.

Consagraremos a maior parte destas páginas ao segundo desafio. Vejamos, de modo mais rápido, o primeiro e o terceiro.

1.1. O mundo moderno (e pós-moderno)

Com raízes nos séculos XV e XVI, a mentalidade que começará a ser designada como moderna atinge a vida das Igrejas cristãs do século XVIII em diante. Suas características são: a afirmação do indivíduo como ponto de partida da atividade econômica, a convivência social e o conhecimento humano; a razão crítica que não aceita senão aquilo que foi submetido a seu exame e julgamento; o direito à liberdade em diversos campos. É o que Kant chamava de estado adulto da humanidade. Daí a desconfiança do espírito moderno perante a autoridade, tanto no plano social quanto religioso. A fé cristã, vizinha da superstição e de tendência autoritária – segundo esse pensamento –, estaria destinada ao desaparecimento e, no melhor dos casos, a ser confinada ao âmbito privado. A sociedade entra, desse modo, em um acelerado processo de secularização e faz com que a fé cristã perca o peso social e a influência nas pessoas que tivera outrora.[3] As mudanças desse conflito, que envolveu sobretudo os cristãos da Europa, são conhecidas; bem como o são as medidas tomadas em resposta às diversas injunções da Igreja, para não falar das confusões, temores, ousadias e sofrimentos que foram vividos por esses motivos.

O Vaticano II, distanciando-se daqueles que não viam no mundo moderno senão um mau momento, destinado a passar e perante o qual apenas cabia resistir firmemente, até que se acalmasse a tormenta, buscou e conseguiu responder a muitos desses questionamentos (não sem dificuldades iniciais, certamente). Contudo, ainda existe

---

[3] Um dos fatores de ponta desse processo foi, sabemo-lo, o pensamento científico. O assunto ganhou nova urgência com o desenvolvimento de vertentes da ciência: a biogenética, por exemplo, que apresenta graves questionamentos à visão cristã da vida.

Situação e tarefas da Teologia da Libertação

um enorme trabalho a ser feito perante a situação; é evidente que, nesse assunto, estamos diante de uma história de longa duração.[4]

A tarefa complicou-se nos últimos tempos com o que, por razões de comodidade, chamou-se de época pós-moderna.[5] Apresentando--se como uma crítica acerba à modernidade, acusada, entre outras coisas, de derivar facilmente para o totalitarismo (fascismo, nazismo, stalinismo), em contradição com sua fervorosa reivindicação da liberdade, e de confinar-se em uma visão estreita e puramente instrumental da razão, o estado de espírito pós-moderno agudiza o individualismo que já marcava o mundo moderno. O resultado de tudo isso será uma atitude algo desencantada diante das possibilidades de mudar o que antes se pensava que não ia bem em nossas sociedades. Bem como o é também a desconfiança perante as convicções firmes em qualquer área da ação e do conhecimento humanos. Surge, pois, uma postura cética, que relativiza o conhecimento da verdade; segundo ela, cada um tem sua verdade e, portanto, tudo é válido. Essa postura é, sem dúvida, um dos motivos do desinteresse pelo social e político a que assistimos em nossos dias. Ela traz também, é claro, contribuições importantes. É preciso estarmos atentos, por exemplo, ao que pode significar – com todas as suas ambivalências políticas – a valorização da diversidade cultural ou étnica.

Que a pós-modernidade seja uma rejeição da modernidade ou seu prolongamento mais refinado, não muda o essencial do que aqui nos interessa. O conjunto constitui um grande desafio para a consciência cristã. O tempo, por certo, fez com que surgissem valiosas reflexões teológicas que pegaram o touro pelos chifres. Longe de uma recusa inspirada pelo medo, não somente enfrentaram com liberdade evangélica e fidelidade à mensagem de Jesus as interpelações do mundo moderno e suas reverberações, mas também mostraram tudo o que

---

[4] Cf., a propósito, a importante *História do Concílio Vaticano II*, em vias de publicação em várias línguas, organizada por Giuseppe Alberigo.

[5] Cf. GUTIÉRREZ, G. ¿Dónde dormirán los pobres? In: *El rostro de Dios en la historia* (Lima, Universidad Católica/IBC/ CEP, 1996), pp. 9-69.

ele podia trazer para revelar alcances da fé aos quais não tínhamos sido sensíveis no passado, ou que, por uma ou outra razão, haviam-se eclipsado.

1.2. O pluralismo religioso

A pluralidade de religiões, conforme sabemos, é um fato milenário na humanidade. Tanto as grandes e mais conhecidas religiões quanto as menos expandidas não são de ontem. No passado, sua existência apresentava alguns problemas práticos e ensejava reflexões acerca da perspectiva salvífica do compromisso missionário das Igrejas cristãs; nas últimas décadas, porém, sua presença converteu-se em um questionamento de grande importância para a fé cristã. Todos os estudiosos do tema estão de acordo em dizer que a teologia das religiões é bastante recente e avança por um terreno cheio de dificuldades. Assistimos, hoje, na Igreja, a um grande debate a esse respeito. A questão é, indubitavelmente, delicada, e importantes textos do magistério e estudos teológicos de grande fôlego foram escritos a propósito.[6] Como no caso do mundo moderno, mas por razões diversas, a existência de alguns milhares de milhões de seres humanos que encontram nessas religiões sua relação com Deus, ou com um Absoluto, ou com um profundo sentido de suas vidas, questiona a teologia cristã em pontos centrais dela. Ao mesmo tempo, como acontece com a modernidade, proporciona-lhe elementos e possibilidades para voltar sobre si mesma e submeter a novo exame o significado e os alcances hoje da salvação em Jesus Cristo.

É um território novo e exigente.[7] Nele, a tentação de apegar-se e de aferrar-se a opções que se consideram seguras é muito grande. Por isso, são particularmente bem-vindos gestos audazes como os de João Paulo II, convocando, faz alguns anos, para um encontro

---

[6]   Cf., por exemplo, J. Dupuis, *Vers une théologie chrétienne du pluralisme religieux* (Paris: Cerf, 1997).

[7]   Para uma breve apresentação de conjunto, pode-se consultar M. Fédou, *Les religions selon la foi chrétienne* (Paris: Cerf, 1996).

em Assis, os representantes de grandes religiões da humanidade para rezar pela paz no mundo. Com efeito, uma teologia das religiões não pode ser feita sem uma prática de diálogo inter-religioso, diálogo que hoje apenas dá seus primeiros passos. A teologia é sempre um ato segundo. Muitos estão empenhados nesse esforço e, aqui também, e com maior urgência, talvez, do que no desafio anterior, há um enorme trabalho a ser feito.

A mentalidade moderna é fruto de mudanças importantes no campo do conhecimento humano e na vida social, ocorridas fundamentalmente na Europa ocidental, quando esta já havia iniciado seu caminho rumo a um nível de vida que a distanciará do resto dos países do planeta. Em contrapartida, os portadores da interpelação que vem do pluralismo religioso se encontram entre as nações mais pobres da humanidade. Talvez essa seja uma das razões que, como lembramos, fizeram com que a tomada de consciência das perguntas que delas provêm se tenha apresentado somente em uma época recente nas Igrejas cristãs, precisamente no momento em que esses povos começavam a fazer ouvir sua voz em diferentes áreas da convivência internacional. Isso faz com que a resposta aos questionamentos apresentados a partir da Ásia, principalmente, mas também da África e, em menor escala, da América Latina, não possa separar o religioso da situação de pobreza. Duplo aspecto, carregado de consequências para o discurso sobre a fé que vem dessas latitudes.

Esta última observação leva-nos a aprofundar o desafio da pobreza, o qual havíamos reservado para desenvolver num segundo parágrafo e que, por razões óbvias, interessa-nos particularmente.

2. Uma pobreza desumana e antievangélica

Os apelos da fé cristã oriundos do pluralismo religioso e da pobreza nascem fora do mundo norte-atlântico. Quem os carrega sobre os ombros são os povos pobres da humanidade – acabamos de dizê-lo a propósito das religiões, e é o caso, evidentemente, da pobreza. Este

Ao lado dos pobres

último questionamento se apresentou, com força, à reflexão teológica inicialmente na América Latina, um continente habitado por uma população *pobre e crente* simultaneamente, como dissemos, há décadas, no marco da Teologia da Libertação. Trata-se dos que vivem sua fé em meio à pobreza, o que traz como consequência que cada uma dessas condições deixe seu rastro na outra; viver e pensar a fé cristã, portanto, é algo que não pode realizar-se fora da consciência da situação de espoliação e de marginalização em que as mencionadas pessoas se encontram.

2.1. Reler a mensagem

As conferências episcopais latino-americanas de Medellín (1968) e Puebla (1979) denunciaram a pobreza existente no continente como "desumana" e "antievangélica". Contudo, sabemos que, desgraçadamente, trata-se de uma realidade de extensão universal. Pouco a pouco os pobres do mundo foram tomando consciência cada vez mais clara de sua situação. Uma série de acontecimentos históricos nos anos 1950 e 1960 (descolonização, novas nações, movimentos populares, melhor conhecimento das causas da pobreza etc.) tornaram *presentes*, em toda a extensão do planeta, os que sempre tinham estado *ausentes* da história da humanidade ou, para ser mais exato, invisíveis para determinada maneira de fazer a história na qual um setor dela, o mundo ocidental, aparecia como vencedor em todos os campos. É o fato histórico a que se chamou "a irrupção do pobre". Não é, por certo, um acontecimento acabado; acha-se em pleno processo e continua levantando perguntas novas e pertinentes. Na América Latina e no Caribe, esse acontecimento foi, e é, particularmente significativo para a reflexão teológica.

A pobreza é, como o pluralismo religioso da humanidade, um estado de coisas que vem de muito longe. No passado, sem dúvida, ela deu azo a gestos admiráveis de serviço aos pobres e aos abandonados. Hoje, porém, o conhecimento de sua esmagadora amplidão, o abismo cada vez maior e mais profundo entre os extratos ricos e os pobres na sociedade atual, e o modo de que dispomos para aproximar-nos dela fizeram com que somente na segunda metade do século que termina tenha começado a ser percebida realmente como um desafio à nossa compreensão da fé. E isso não em sua totalidade, porque não faltam aqueles para os quais, teimosamente, a pobreza limita-se a ser um problema de ordem social e econômica. Não é esse o sentido bíblico dessa condição, não foi a intuição de João XXIII quando, às vésperas do concílio, colocava a Igreja perante a pobreza do mundo ("os países subdesenvolvidos") e afirmava que ela devia ser "a Igreja de todos e especialmente a Igreja dos pobres". Sugeria, assim, um exigente modo de conceber a Igreja e sua tarefa no mundo.

A mensagem do Papa João foi ouvida e aprofundada posteriormente na América Latina e no Caribe; sua condição de continente pobre e, ao mesmo tempo, cristão, mencionada anteriormente, fazia-o particularmente sensível à profundidade teológica do apelo procedente da pobreza. Uma perspectiva que, em circunstâncias diferentes, haviam iniciado, nestas terras, no século XVI, figuras como Bartolomeu de Las Casas e o índio peruano Guamán Poma em sua defesa das populações indígenas do continente, mas que ainda hoje está longe de ser compreendida por todos. Daí as dificuldades que ainda encontramos para fazer perceber o significado das afirmações básicas da Teologia da Libertação e da conferência episcopal de Medellín, que incidem precisamente nesse enfoque, levando em conta a moldura atual.

Isso não obstante, a Igreja da América Latina e do Caribe, e logo as de outros continentes pobres, fizeram ver até onde chegam as demandas que provêm da situação de pobreza e de marginalização de tantos seres humanos. O assunto vai abrindo caminho ainda em meio a alguns obstáculos, para ser considerado em toda a sua profundez: um problema de vida cristã e de reflexão teológica. Isso acontece menos, é importante observar, com o desafio – que em nossos dias chega cronologicamente depois do da pobreza à consciência teológica da Igreja – que procede do papel das religiões da humanidade no plano salvífico do Deus da revelação cristã. No caso do pluralismo religioso, mesmo que não faltem os recalcitrantes, o caráter teológico é percebido, entende-se mais rapidamente. Sublinhar o caráter teológico das perguntas que a pobreza humana ocasiona não significa, de modo algum, esquivar-se de que ela e a injustiça social têm uma dimensão socioeconômica inevitável e constitutiva. É evidente que é assim. Contudo, a atenção que se lhes deve prestar não se origina unicamente de uma preocupação com os problemas sociais e políticos. A pobreza, tal como a conhecemos hoje, lança um questionamento radical e englobante à consciência humana e à maneira de perceber a fé cristã. Ela conforma um campo hermenêutico que nos conduz a uma releitura da mensagem bíblica e do caminho a seguir como discípulos de Jesus. Isso é algo que deve ser enfatizado, se quisermos entender o sentido de uma teologia como a da libertação.

2.2. Um eixo de vida cristã

O que dissemos se enuncia de modo claro na conhecida expressão de "opção preferencial pelos pobres". A frase surgiu nas comunidades cristãs e nas reflexões teológicas da América Latina no período que vai de Medellín a Puebla, e esta última conferência recolheu-a e tornou-a generosamente conhecida. Suas raízes acham-se nas experiências da solidariedade com os pobres e na consequente compreensão do sentido da pobreza na Bíblia que fizeram estrada nos primeiros anos da década de 1960, algo que já se expressou – quanto ao essencial – em Medellín. Essa expressão esteve muito presente no magistério de João Paulo II e nos diversos episcopados da Igreja universal, bem como nos textos de várias confissões cristãs. A opção preferencial pelo pobre é um eixo fundamental no anúncio do Evangelho, a que chamamos, de modo bem geral, de tarefa pastoral, usando uma conhecida metáfora bíblica (a do "Bom Pastor", Jo 10,11; nota do tradutor alemão); ela é também o eixo no terreno da espiritualidade, ou seja, no caminhar seguindo os passos de Jesus. E, portanto, é, semelhantemente, um eixo quanto à inteligência da fé que se faz a partir destas duas dimensões da vida cristã: anúncio e espiritualidade. O conjunto, essa tríplice dimensão, é o que dá força e alcance à vida cristã.

Acabamos de evocar a pequena história de uma percepção que se manifesta na fórmula "opção preferencial pelos pobres"; apesar disso, é claro que ela, no fundo, visa a ajudar-nos a ver como neste tempo enfocamos um dado capital da revelação bíblica que, de uma maneira ou de outra, sempre esteve presente no universo cristão: o amor de Deus por toda pessoa e, particularmente, pelos mais abandonados. Contudo, acontece que, hoje, estamos em condições de perceber, com toda a clareza desejada, que a pobreza, a injustiça e a marginalização de pessoas e de grupos humanos não são acontecimentos fatalistas: elas têm causas humanas e sociais. Ademais, estamos surpresos com a imensidão desta realidade, bem como com o aumento das distâncias, a partir desses pontos de vista, entre as nações no mundo e entre as pessoas no interior de cada país. Isso muda o enfoque sobre a pobreza e nos impulsiona a examinar sob nova luz as responsabilidades pessoais e sociais. Desse modo, dá-nos novas perspectivas para saber descobrir continuamente o rosto do Senhor no de outras pessoas, particularmente no dos pobres e maltratados. E permite-nos ir, de forma direta, ao que teologicamente falando é decisivo: colocar-se no coração do anúncio do Reino, expressão do amor gratuito do Deus de Jesus Cristo.

A compreensão que se manifesta na fórmula "opção preferencial pelo pobre" é a contribuição mais substantiva da vida da Igreja na América Latina e da Teologia da Libertação à Igreja universal. A pergunta colocada no começo destas páginas acerca do futuro dessa reflexão deve levar em conta sua relação factual e contemporânea com tudo o que a referida opção significa. Tal perspectiva não é, evidentemente, algo exclusivo dessa teologia; a exigência e o significado do gesto pelo pobre na acolhida do dom do Reino fazem parte da mensagem cristã. Trata-se de um discurso sobre a fé, que nos permite simplesmente uma recordação e uma releitura nas condições atuais,

Ao lado dos pobres

com toda a novidade que elas nos revelam, de algo que de um modo ou de outro – com insistências, mas também com parêntesis – sempre encontrou um lugar ao longo do caminhar histórico do povo de Deus. É importante ressaltar isso não para diminuir o aporte dessa teologia que tem ligado seu destino ao sentido bíblico da solidariedade com o pobre, mas para esboçar devidamente o âmbito em que ela se dá tanto em continuidade quanto em ruptura com reflexões anteriores. E, acima de tudo, com a experiência cristã e as rotas tomadas para dar testemunho do Reino.

Tal como nos casos já tratados, interessa-nos evidenciar aqui que o próprio desafio proveniente da pobreza abre perspectivas que nos permitem seguir tirando "o novo e o velho" do tesouro da mensagem cristã. O discernimento a partir da fé deve ser lúcido a esse respeito. Contudo, para isso é necessário vencer a obstinação de ver na pobreza do mundo de hoje *somente* um problema social: isso seria passar ao largo do que esse doloroso sinal dos tempos pode dizer-nos. Tudo se resume na convicção de que é necessário ver a história a partir de seu reverso, ou seja, a partir de suas vítimas. A cruz de Cristo ilumina essa visão e nos faz compreendê-la como a passagem para a vitória definitiva da vida no Ressuscitado.

3. Tarefas atuais

Indiquemos alguns espaços nos quais se movem certas tarefas que a reflexão teológica que nos ocupa tem pela frente. Certamente, haveria muitas coisas ainda a serem ditas e particularizações a serem feitas, mas não cabem nestas poucas páginas. Esperamos tratá-las detidamente em um trabalho de longo fôlego que está em preparação.[8]

---

[8] Isso nos permitirá dar referências bibliográficas sobre esses temas que, por enquanto, evitamos. Cf., no entanto, as que se encontram em "Onde dormirão os pobres?".

3.1. Complexidade do mundo do pobre

Desde o início, na Teologia da Libertação, levaram-se em consideração as diversas dimensões da pobreza. Dizendo-o com outras palavras – como o faz a Bíblia –, prestou-se atenção a não reduzir a pobreza a seu aspecto econômico, certamente fundamental.[9] Isso levou à afirmação de que o pobre é o "insignificante", aquele que é considerado como uma "não pessoa", alguém a quem não se reconhece a plenitude de seus direitos na condição de ser humano. Pessoas sem peso social ou individual, que contam pouco na sociedade e na Igreja. Assim são vistos, ou mais exatamente não são vistos, porque são bem mais invisíveis na medida em que são excluídos de nossos dias. As razões disso são diversas: as carências de ordem econômica, sem dúvida, mas também a cor da pele, o ser mulher, o pertencer a uma cultura desprezada (ou considerada interessante somente por seu exotismo, o que, no final, dá no mesmo). A pobreza é, com efeito, um assunto complexo e multifacetado; há decênios, ao falar dos "direitos dos pobres" (cf., por exemplo, Medellín, n. 22), referíamo-nos a esse conjunto de dimensões da pobreza.

Uma segunda perspectiva, presente igualmente desde os primeiros passos, foi a de ver o pobre como "o outro" de uma sociedade que se constrói à margem ou contra seus direitos mais elementares, alheia à sua vida e a seus valores. De modo tal que a história lida a partir desse outro (da mulher, por exemplo) converte-se em outra história. Isso não obstante, reler a história poderia parecer um exercício puramente intelectual, se não se compreende que isso significa

---

[9] O que se expressa em fórmulas que se encontram desde os primeiros escritos dessa teologia. Em referência ao pobre, fala-se em repetidas ocasiões de "povos, raças e classes sociais" (*Teología de la liberación*. Lima: CEP, 1971, p. 226; cf. também pp. 251, 255) e das "classes populares exploradas, das culturas oprimidas, das raças discriminadas" (Práxis da libertação e fé cristã. In: *Signos de liberación*. Lima: CEP, 1973, p. 65; cf. também, pp. 64,90,107,111,114,125).
Expressões semelhantes em: Revelación y anuncio de Dios en la historia. In: *Páginas* (Lima, março de 1976), pp. 32, 36, 38. Afirma-se, igualmente, que "a mulher desses setores é duplamente explorada, marginalizada e desprezada". *Teología desde el reverso de la historia* (Lima: CEP, 1977), p. 34, n. 36 e La fuerza histórica de los pobres. In: *Signos de lucha y esperanza* (Lima: CEP, 1978), p. 173.

também refazê-la. De acordo com essa concepção, é firme a convicção, em que pesem todas as limitações e obstáculos que conhecemos, especialmente em nossos dias, de que os pobres mesmos devem assumir seu destino. Um homem e teólogo como Las Casas se dispunha a ver as coisas "como se fosse índio". A esse respeito, retomar o movimento desses esforços no campo da história resta um rico filão ainda por explorar. O primeiro a fazê-lo, e com conhecimento de causa, foi o índio peruano Guamán Poma. Somente libertando nosso olhar de inércias, preconceitos, categorias aceitas acriticamente, poderemos descobrir o outro.

Por isso mesmo, não basta ter consciência dessa complexidade; é necessário aprofundá-la, entrar no detalhe da diversidade e perceber sua força interpeladora. Tampouco é suficiente observar a condição de outro do pobre (da forma como o temos compreendido); ela deve ser, igualmente, estudada mais detalhadamente e considerada em toda a sua desafiante realidade. Nós nos encontramos nesse processo graças principalmente aos compromissos concretos assumidos em e a partir do mundo da pobreza, marcada majoritariamente entre nós – de um modo ou de outro – pela vivência da fé cristã, como já o demonstramos. A reflexão teológica nutre-se dessa experiência cotidiana, que já vem de algumas décadas e, simultaneamente, enriquece-a.

Essa inquietude foi aprofundada nos últimos anos. Valiosos trabalhos permitiram entrar de modo particularmente fecundo em alguns aspectos cruciais da complexidade mencionada. De fato, nessa pista se encontram hoje diferentes esforços para pensar a fé a partir da situação secular de marginalização e de despojo dos diversos povos indígenas de nosso continente e da população negra, incorporada violentamente à nossa história há séculos. De diversas maneiras, temos sido testemunhas, neste tempo, do vigor e da contundência que adquire a voz desses povos, da riqueza cultural e humana que são capazes de trazer, bem como das facetas da mensagem cristã que eles nos permitem ver com toda a clareza. A isso se acrescenta o diálogo com outras concepções religiosas, as que conseguiram sobreviver à

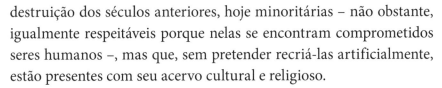
Situação e tarefas da Teologia da Libertação

destruição dos séculos anteriores, hoje minoritárias – não obstante, igualmente respeitáveis porque nelas se encontram comprometidos seres humanos –, mas que, sem pretender recriá-las artificialmente, estão presentes com seu acervo cultural e religioso.

As reflexões teológicas que provêm desses universos são particularmente exigentes e novas. Como o são aquelas oriundas da inumana e, por conseguinte, inaceitável condição da mulher em nossa sociedade, em especial a que pertence aos extratos sociais e étnicos que acabamos de lembrar; nesse terreno, assistimos igualmente a ricas e novas perspectivas teológicas levadas adiante sobretudo por mulheres, mas que nos importam e questionam a todos. Um dos campos mais fecundos é o da leitura bíblica a partir da condição feminina, mas, definitivamente, há muitos outros que ampliam também nosso horizonte de compreensão da fé cristã.

Ademais – pode ser útil observar –, não se trata da defesa de antigas culturas fixadas no tempo ou da proposta de projetos arcaicos que o devir histórico tenha superado, como alguns tendem a pensar. A cultura é criação permanente, elabora-se todos os dias. Observamos isso de muitas diferentes maneiras em nossas cidades. Elas são um caldeirão de raças e culturas em seus níveis mais populares; ao mesmo tempo, porém, são lugares cruéis de crescentes distâncias entre os vários setores sociais que as habitam. Ambas as coisas são vividas nas cidades de um continente em precipitada urbanização. Esse universo em processo, que em grande parte arrasta e transforma os valores de culturas tradicionais, condiciona a vivência da fé e o anúncio do Reino; é, em consequência, um ponto de partida histórico para uma reflexão de ordem teológica.

Apesar disso, a ênfase que o discurso sobre a fé assume legitimamente segundo a vertente da "opção preferencial pelo pobre" não deve fazer perder de vista a globalidade do que está em questão na situação de todos os pobres. Nem descuidar o terreno comum de onde partem e no qual discorrem nossas linguagens e reflexões: o dos insignificantes, o de sua libertação integral e o da Boa-Nova de Jesus

75

dirigida preferentemente a todos eles. Efetivamente, é preciso evitar a todo custo que a necessária e urgente atenção aos sofrimentos e esperanças dos pobres dê lugar a ineficazes buscas de feudos teológicos privados. Estes seriam fonte de exclusividades e de desconfianças que, em última instância, debilitam – dado que, quanto ao essencial, se trata de perspectivas convergentes e complementares – o combate cotidiano dos despossuídos em prol da vida, da justiça e do respeito a seus valores culturais e religiosos, e também em favor de seu direito de serem iguais e ao mesmo tempo diferentes.

A complexidade do universo do pobre e a perspectiva do outro percebidas inicialmente, conforme recordamos, encontram-se hoje mais bem esboçadas com todas as suas dificuldades e sua conflitividade, mas também com todas as suas promessas. Não pretendemos colocar sob uma mesma rubrica todas as correntes teológicas que provêm dessa situação, pois a diversidade, neste assunto, é igualmente importante. Contudo, os laços históricos evidentes entre elas, bem como o horizonte comum do complexo mundo do pobre em que se colocam, permitem-nos vê-las como expressões fecundas das tarefas atuais da reflexão teológica a partir dos deserdados do continente. Trata-se de fontes abertas, inexauríveis.

3.2. Globalização e pobreza

Não estamos com os pobres se não estamos contra a pobreza, dizia Paul Ricœur, faz muitos anos. Ou seja, se não recusamos a condição que esmaga uma parte tão importante da humanidade. Não se trata de uma rejeição meramente emocional; é necessário conhecer o que ocasiona a pobreza no nível social, econômico e cultural. Isso requer instrumentos de análises que nos são oferecidos pelas ciências humanas. Contudo, como todo pensamento científico, elas trabalham com hipóteses que permitem compreender a realidade que buscam explicar, o que equivale a dizer que estão chamadas a mudanças perante novos fenômenos. É o que acontece, hoje, diante da dominante presença do neoliberalismo, que chega, agora, escanchado sobre os

Situação e tarefas da Teologia da Libertação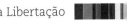

ombros de uma economia cada vez mais autônoma em relação à política (e já antes, à ética), graças ao fato que se conhece com o termo um tanto impróprio de globalização.

A situação assim descrita provém, como se sabe, do mundo da informação, mas repercute pujantemente no terreno econômico e social, e em outros campos da atividade humana. Isso não obstante, a palavra é enganosa porque leva a crer que nos orientamos rumo a um mundo único, quando, na verdade, e no mundo atual, acarreta ineludivelmente uma contrapartida: a exclusão de uma parte da humanidade do circuito econômico e dos chamados benefícios da civilização contemporânea. Uma assimetria que se faz cada vez mais pronunciada. Milhões de pessoas são convertidas, dessa maneira, em objetos inúteis, ou em descartáveis após o uso. Trata-se daquelas que ficaram fora do âmbito do conhecimento, elemento decisivo da economia de nossos dias e o eixo mais importante de acumulação do capital. Convém observar que essa polarização é consequência do modo como estamos vivendo hoje a globalização: ela constitui um fato que não precisa necessariamente tomar o rumo atual de uma crescente desigualdade. Sem igualdade, sabemo-lo, não há justiça. Nós sabemos disso, mas o assunto adquire, em nossos dias, uma crescente urgência.[10]

O neoliberalismo econômico postula um mercado sem restrições, chamado a regular-se por seus próprios meios, e submete toda a solidariedade social nesse campo a uma dura crítica, acusando-a não somente de ineficaz diante da pobreza, mas inclusive de ser uma das causas dela. Que tenha havido casos de abusos nessa matéria, é claro e reconhecido, mas no que tange ao liberalismo, estamos diante de uma recusa fundamental, que deixa na intempérie os mais frágeis da sociedade. Uma das derivações mais dolorosas e agudas desse pensamento é a dívida externa, que mantém manietadas e sobrecarregadas as nações pobres. Dívida que cresceu espetacularmente, entre outras

---

[10] Cf. as penetrantes averiguações a propósito de Norberto Bobbio, *Destra e sinistra. Ragioni e significati di una distinzione politica* (Roma, Donzelli, 1994).

77

razões, devido a taxas de juros manejadas pelos próprios credores. O pedido de sua remissão é um dos pontos mais concretos e interessantes da convocação feita por João Paulo II para celebrar o jubileu, no sentido bíblico do termo, no ano 2000.

Essa desumanização da economia, começada há bastante tempo, que tende a converter tudo em mercadorias, inclusive as pessoas, foi denunciada por uma reflexão teológica que desvela o caráter idolátrico, no sentido bíblico do termo, desse fato. Contudo, as circunstâncias atuais não somente tornaram mais premente essa observação, mas, além disso, proporcionam novos elementos para aprofundá-la. Por outro lado, assistimos, neste tempo, a uma curiosa tentativa de justificação teológica do neoliberalismo econômico que compara, por exemplo, as corporações multinacionais com o Servo de Iahweh, a quem todos atacam e vilipendiam; delas, no entanto, viriam a justiça e a salvação. Para não falar da chamada teologia da prosperidade, que tem laços muito estreitos, certamente, com a postura que acabamos de lembrar. Isso levou, às vezes, a postular certo paralelismo entre cristianismo e doutrina neoliberal. Sem negar suas intuições, cabe perguntar-se acerca do alcance de uma operação que nos recorda aquela que, no extremo oposto, foi feita há alguns anos para refutar o marxismo, considerado também como uma espécie de "religião" que, além do mais, seguiria, um pouco de cada vez, a mensagem cristã (pecado original e propriedade privada, necessidade de um redentor e proletariado etc.). Esta observação, porém, não diminui em nada, claro está, a necessidade de uma crítica radical às ideias dominantes hoje no terreno da economia. Bem ao contrário.

Impõe-se uma reflexão teológica a partir dos pobres, preferidos de Deus. Ela deve respeitar a autonomia própria da disciplina econômica e, ao mesmo tempo, levar em conta sua relação com o conjunto da vida dos seres humanos, o que supõe, em primeiro lugar, partir de uma exigência ética. Do mesmo modo, evitando entrar no jogo das posições que acabamos de mencionar, não se deverá perder de vista que a rejeição mais firme às posições neoliberais se dá a partir dos contrassensos de uma economia que se esquece cinicamente do ser humano sem perceber que, com o tempo, essa é uma prática suicida. De modo particular, daqueles que carecem de defesas nesse campo, ou seja, hoje, a maioria da humanidade. Trata-se de uma questão ética no sentido mais amplo do termo, que exige entrar nos mecanismos perversos que distorcem, a partir de dentro, a atividade humana a que chamamos economia. Esforços valiosos de reflexão teológica se fazem nessa linha entre nós.

Nesse complexo de globalização e de pobreza, devemos situar também as perspectivas abertas pelas correntes ecológicas perante a destruição, suicida igualmente, do meio ambiente. Elas nos fizeram mais sensíveis a todas as dimensões do dom da vida e nos ajudaram a ampliar o horizonte da solidariedade social que deve compreender um respeitoso vínculo com a natureza. O assunto não atinge apenas os países desenvolvidos, cujas indústrias causam tanto dano ao hábitat natural da humanidade; diz respeito a todos, também aos países mais pobres. Hoje em dia, é impossível refletir teologicamente sobre a pobreza sem levar em conta essas realidades.

3.3. Aprofundamento da espiritualidade

Se os pontos anteriores estiveram, de um modo ou de outro, presentes ou esboçados desde os primeiros passos da Teologia da Libertação, sem negar, evidentemente, o próprio e criativo trabalho a que temos assistido nestes últimos anos, a questão da espiritualidade sempre ocupou um lugar de primeiro plano. Além da importância do assunto para todo cristão, ali se joga a sorte do tipo de teologia que postulamos; com efeito, uma profunda convicção que sempre nos acompanhou, e na qual a obra de M. D. Chenu nos ajudou imensamente, é que por trás de toda inteligência da fé há uma maneira de seguir Jesus.[11] A espiritualidade, assim designamos, hoje, o que nos evangelhos se conhece como o seguimento de Jesus Cristo, é a

---

[11] Cf. seu célebre *Une école de théologie. Le Saulchoir* (La Saulchoir, 1937).

coluna vertebral do discurso sobre a fé. Ela é o que lhe dá seu significado mais profundo e seu alcance. Este é um dos pontos centrais da compreensão da teologia como reflexão sobre a prática, que constitui precisamente o coração do discipulado. Suas duas grandes e entrelaçadas dimensões, a oração e o compromisso histórico, constituem aquilo que no Evangelho de Mateus é chamado de fazer "a vontade do Pai", em oposição a um simples "Senhor, Senhor" (7,21). Desse modo, ganha sentido a afirmação de que "nossa metodologia é nossa espiritualidade".[12] Ambas são caminhos para Deus, e é preciso continuar avançando por eles.

Em tempos recentes, temos tido uma abundante produção na linha de uma espiritualidade da libertação. A razão é simples: a experiência espiritual do povo pobre do continente, em meio a um processo histórico que conhece conquistas e tropeços, cresceu em maturidade. Esse interesse em relação à experiência não significa, de forma alguma, uma posição de recuo diante das opções de ordem social que mantemos em toda a sua vigência como expressão da solidariedade com os pobres e oprimidos. Os que opinam dessa forma parecem desconhecer a radicalidade que provém do ir ao fundo das coisas, lá onde se entrelaçam cotidianamente amor a Deus e amor ao próximo. Nessa profundidade se situa a espiritualidade. Longe de ser uma evasão dos desafios do presente, ela dá firmeza e durabilidade às opções que acabamos de mencionar. Tinha razão Rilke quando dizia que Deus se encontra em nossas raízes. E jamais terminamos de aprofundá-las.

No núcleo mesmo da opção preferencial pelo pobre há um elemento espiritual de experiência do amor gratuito de Deus. O rechaço à injustiça e à opressão que ela implica está ancorada em nossa fé no Deus da vida. Não surpreende, portanto, que essa opção tenha sido rubricada com o sangue daqueles que, como dizia Don Romero, morreram com o "sinal do martírio". Afora o caso do próprio

---

[12] La fuerza histórica de los pobres. In: *Signos de lucha y esperanza*, p. 176.

arcebispo de San Salvador, essa é a situação padecida por numerosos cristãos em um continente que se pretende cristão também. Não podemos deixar de lado esse cruel paradoxo em uma reflexão sobre a espiritualidade da América Latina. Na verdade, de muitas maneiras a vivência da cruz marca a vida cotidiana dos cristãos do continente e do Peru.[13]

Nesse sentido, é fundamental o itinerário espiritual de um povo que vive sua fé e mantém sua esperança em meio a uma vida cotidiana feita de pobreza e de exclusões, mas também de projetos e de maior consciência de seus direitos. Os pobres da América Latina empreenderam a rota da afirmação de sua dignidade humana e de sua condição de filhas e filhos de Deus. Nesse caminhar, dá-se um encontro com o Senhor, crucificado e ressuscitado. Estar atento a essa experiência espiritual, recolher as versões orais e os escritos em que ela é narrada converte-se em uma tarefa primordial da reflexão teológica que se faz entre nós. Beber em meu próprio poço – assim chamávamos esse momento, usando uma expressão de Bernardo de Claraval. Suas águas permitem-nos ver a medida da inculturação da fé cristã nos povos pobres, mas possuidores de uma cultura e de um curso histórico diferentes dos que encontramos no mundo norte-atlântico.

O que acabamos de dizer é consequência de uma comprovação já mencionada: o povo latino-americano é, majoritariamente, pobre e crente ao mesmo tempo. No coração de uma situação que os exclui e maltrata, e da qual procuram libertar-se, os pobres creem no Deus da vida. Como diziam, em nome dos pobres do Peru (mais de um milhão dos quais se achava ali presente), nossos amigos Víctor (entrementes falecido) e Irene Chero a João Paulo II, durante a visita ao país (1985): "Com o coração dilacerado pela dor, vemos que nossas esposas geram com tuberculose, nossas crianças morrem, nossos filhos crescem frágeis e sem futuro"; e acrescentavam: "No entanto,

---

[13]   Cf., a respeito desses temas, os valiosos trabalhos de Jon Sobrino.

apesar de tudo isso, cremos no Deus da vida". É um contexto, ou melhor, uma realidade vital, da qual uma reflexão sobre a fé não pode esquivar-se. Ao contrário, deve nutrir-se dela. Continuamente.

Mais algumas palavras para concluir. Embora, como é explicável, tenhamos enfatizado o apelo que provém do mundo da pobreza, estamos longe de pensar que os outros dois questionamentos não nos afetam na América Latina e no Caribe. A reflexão teológica do mundo cristão tem de enfrentar os três desafios mencionados e, inclusive, mostrar suas inter-relações. Nestas páginas, apenas aludimos a elas, mas estamos convencidos da importância e da fecundidade de estabelecer essa conexão.

Para isso, seria preciso evitar a tentação da classificação, que consistiria em assinalar os aludidos desafios aos diversos continentes. O da modernidade, ao mundo ocidental; o da pobreza, à América Latina e à África; e o que provém do pluralismo religioso, à Ásia. Seria uma solução de facilidade alheia às interseções e aos contatos que se dão hoje entre os diferentes povos e culturas, bem como à rapidez da informação a que assistimos e que dá lugar à proximidade que experimentam pessoas distantes geograficamente.

Naturalmente, existem ênfases próprias, segundo as diversas áreas da humanidade. No entanto, não passam de ênfases. No presente, somos chamados a uma tarefa teológica que empreenda novas rotas e mantenha, com mão firme, tanto a particularidade quanto a universalidade da situação que vivemos. Essa tarefa não poderá ser realizada senão com grande sensibilidade em relação aos diversos apelos lembrados e com um diálogo aberto e respeitoso, que assuma como ponto de partida histórico as condições de vida – em todos os seus níveis – dos seres humanos e de sua dignidade, em particular os pobres e excluídos. Eles são, para os cristãos, reveladores da presença do Deus de Jesus Cristo no meio de nós.

Estamos diante de uma tarefa estimulante e promissora, na qual a Teologia da Libertação tem muito o que fazer e, acima de tudo, o que aprender.

Capítulo IV

A controvérsia em torno da Teologia da Libertação

GERHARD LUDWIG MÜLLER

1. A necessidade de uma Teologia da Libertação

O interesse público pela Teologia da Libertação latino-americana parece já ter diminuído. Os conflitos doutrinais deslocaram-se do âmbito teológico para o nível político-eclesial-disciplinar.

A teologia deve agora, mais uma vez, passar para a ordem do dia e voltar-se para a onda da moda atual, por exemplo, a onda psicológica, que por enquanto se espraia alegremente na consciência pública?

Cada um pode avaliar a seu modo esse fenômeno singular de um interesse condicionado pela conjuntura – mas, como sempre, permanece inquestionável a realidade catastrófica das sociedades na América Latina e em todo o terceiro mundo, do qual a Teologia da Libertação surgiu como tentativa de domínio teológico e não simplesmente como uma explicação e estratégia quaisquer de mudança, mas, sim, como resposta teológica na qual, a partir do mais elevado ponto de vista do espírito humano, à luz da Palavra de Deus, sejam compreendidas as condições sociais, econômicas e históricas concretas da existência humana.

Essa deve ser a constante tarefa de uma teologia que se considera e se constrói de forma eclesial-universal. Por certo, a Teologia da Libertação tem sua origem nos contextos socioeconômicos do terceiro mundo. Justamente nisso se mostra sua originalidade: mediante seus quadros contextuais de referência. De fato, não pode haver nenhuma teologia da unidade que seja mundial, que em má abstração, ou seja, sem levar em conta as condições concretas, formule a verdade do Evangelho com uma lógica meramente imanente de conceitos puros. A teologia, como atividade intelectual, deve, no sentido correto da palavra, ser abstrata nisso que, em todo o âmbito do fenômeno da realidade conhecida, torna perceptível o essencial concreto nos fenômenos. Por essa razão, toda teologia deve começar contextualmente. Contudo, através disso, a teologia não se divide em uma incomensurável quantidade de teologias regionais. Portanto, em todo caso, poderíamos perguntar-nos se nós não "podemos tirar uma fatia" para nós de outras teologias que, em si, nada têm a ver conosco. Ao contrário, toda teologia regional já deve estar, ela mesma, orientada para uma perspectiva eclesial-universal. Essa dimensão eclesial-universal de toda teologia regional está fundamentada no objeto comum, na medida em que nenhuma sociedade ou cultura existe completamente isolada diante de si mesma, mas se acha também justamente no contexto sociocultural de uma interdependência com o desenvolvimento global da humanidade. Por outro lado, a dimensão eclesial-universal da teologia também resulta do sujeito teológico, sendo que o próprio teólogo, a partir da unidade da Palavra de Deus a uma única humanidade e a sua única história, deve pensar de modo histórico-universal e sociouniversal. Contudo, a unidade objetiva e subjetiva da teologia universal não surge através da absolutização de uma teologia regional (exemplo: eurocentrismo). Ela realiza-se, antes, em um entretecimento comunicativo das teologias regionais. Concretamente: ocupo-me da teologia latino-americana da libertação porque as circunstâncias sociais, econômicas e eclesiais das pessoas na América Latina constituem uma dimensão objetiva de minha própria humanidade em suas condições históricas e religiosas gerais e porque, subjetivamente, minha compreensão teológica da revelação de Deus só é possível no âmbito da realização universal e escatológica da salvação na história da humanidade.

Portanto, não são motivos simplistas – por exemplo, a tentativa de estar atualizado com os assuntos de todas as conversas – que fazem da discussão com a Teologia da Libertação parte integrante do discurso teológico. É, antes, o assunto da teologia e sua execução metodológica que fazem das preocupações da Teologia da Libertação um aspecto de toda teologia, em cujo limitado quadro socioeconômico ela também se move.

Como teólogos europeus, não nos confrontamos com a Teologia da Libertação porque ela está aí, ou porque é interessante também, de quando em vez, ocupar-se de outros temas, mas porque ela representa uma teologia regional necessária, sem a qual todo o processo comunicativo de teologias não pode funcionar.

Nesse sentido, o Papa João Paulo II, na carta à CNBB, do ano 1986, declara "que a Teologia da Libertação é não somente oportuna, como também útil e necessária".[1] Devemos situar o pano de fundo imediato da Teologia da Libertação na nova concepção de Igreja no Concílio Vaticano II, a qual se vai inserindo no magistério, especialmente na Constituição dogmática e na Constituição pastoral sobre a Igreja no mundo de hoje, portanto, na *Lumen gentium* e na *Gaudium et spes*. A tentativa de uma implementação concreta desse impulso conciliar para a Igreja latino-americana encontrou sua expressão e amplo consenso magisterial nos documentos da segunda e da ter-

---

[1]   JOÃO PAULO II. *Carta à CNBB sobre a teologia da libertação*, abr. 1986.

Ao lado dos pobres

ceira Conferências Episcopais Latino-Americanas de Medellín e de Puebla. De igual modo, nas duas instruções da Sagrada Congregação para a Doutrina da Fé, de 1984 e 1986, que devem ser avaliadas, cada uma, diversamente e diferençadas no geral, não se questiona absolutamente a possibilidade de uma autêntica e original Teologia da Libertação, mas se reconhece até sua necessidade.

Se, agora, quisermos confrontar-nos detalhadamente com a Teologia da Libertação, então não podemos, a partir da posição dos "ricos felizes", esbatê-la em seus aspectos positivos e negativos, ou seja, listar suas vantagens e desvantagens, como em um balanço comercial anual. Confrontar-se intelectualmente com a Teologia da Libertação significa embarcar em seu discurso teológico e, dessa maneira, na participação do processo social e eclesial da Igreja na América Latina, determinar a própria localização eclesial e teológica no processo eclesial-universal histórico. Somente dentro dessa participação são possíveis contribuições construtivas para a comunicação eclesial total na teologia.

2. A nova abordagem teológica original da Teologia da Libertação

As concepções de Teologia da Libertação têm, da parte de seus mais significativos representantes, um perfil completamente próprio. Por isso já se disse que não haveria absolutamente nenhuma Teologia da Libertação, mas uma desarticulada soma de Teologias da Libertação. No entanto, através de uma observação mais acurada, percebe-se que não existe aí nenhum pluralismo que não seja integrável. O amplo espectro das nuanças é conservado completamente coeso por uma temática comum, por uma preocupação básica e pelo mesmo princípio metodológico-epistemológico. Ainda continua a ser normativa a primeira grande sistematização na obra *Teologia da Libertação*, de Gustavo Gutiérrez, que, por essa razão, traz, com pleno direito, o nome de "pai da Teologia da Libertação". Desde 1971, quando este livro apareceu pela primeira vez, deu-se certamente um desenvolvimento extensivo e intensivo. De um lado, toda a temática da dogmática católica e da teologia moral foi sucessivamente repassada por esse princípio metodológico; de outro, justamente tendo em vista as inúmeras objeções e questionamentos, o princípio foi também repensando epistemológica e metodicamente. Foi o que tentou Clodovis Boff em seu livro *Teologia e práxis: os princípios epistemológicos fundamentais da Teologia da Libertação* (1978).

Onde reside, pois, o impulso originário da Teologia da Libertação? Há um difuso mal-entendido quando queremos buscar o ponto de partida simplesmente nas catastróficas situações sociais e econômicas – catastróficas sob qualquer aspecto – da maioria da população no terceiro mundo. Não é que simplesmente os cristãos se tenham perguntado o que eles, como fiéis e teólogos, podiam fazer contra fome, exploração, injustiça, serviço médico miserável, mortalidade infantil, morte prematura, falta de toda possibilidade de educação superior, em resumo, as condições inumanas de vida que arruínam as pessoas no corpo e na alma. Caso se tratasse apenas disso, seria suficiente contentar-se com a clássica doutrina social da Igreja. No caso de um mero engajamento social, as ciências sociais e a economia nacional, no plano epistemológico, seriam o ponto de partida, e a teologia, no máximo, seria uma ciência auxiliar. Contudo, a Teologia da Libertação quer ser, no método e na prática, pura teologia. Por esta razão, na definição de teologia, apela-se, com prazer, a Tomás de Aquino: "Tudo, na teologia, é tratado *sub ratione Dei* – sob Deus princípio-orientador, segundo um método correspondente a Deus – seja porque diz respeito ao próprio Deus, seja por estarem as coisas ordenadas a Deus como princípio e fim".[2] Portanto, no estrito sentido da palavra, faz-se teologia. A isso, porém, pertence também a descrição da realidade do mundo, portanto as coisas do mundo na medida em que se relacionam a Deus. Todavia, a descrição e a

---

[2]   *Summa theologiae* I p.1 a.7.

Ao lado dos pobres

compreensão das condições concretas nas quais os seres humanos se movem não são possíveis sem a ajuda das ciências empíricas, no caso concreto, portanto, das ciências sociais, das ciências políticas e da economia. A sociologia, entre outras, é utilizada como ciência auxiliar. Por conseguinte, a pergunta não soa: O que deve o cristão dizer às clamorosas injustiças do terceiro mundo? Sua questão fundamental é levantada teologicamente e soa: Como se pode falar de Deus, de Cristo, do Espírito Santo, da Igreja, dos sacramentos, da graças e da vida eterna perante a miséria, a exploração e a opressão do ser humano no terceiro mundo, quando compreendemos o ser humano como uma criatura que foi feita à imagem e semelhança de Deus, pela qual Cristo morreu, a fim de que ela, em todos os âmbitos de sua vida, experimentasse Deus como a salvação e a vida? Aqui, naturalmente, deve-se partir do Deus bíblico. Deus não é um absoluto abstrato que, para além de nosso mundo material e depois do tempo histórico, encontra-nos na interioridade imaterial de uma alma puramente espiritual. Ao contrário, ele é o Deus que criou o mundo e o ser humano na forma de relacionamento espiritual-material e aproximou-se dessa única realidade na criação, na história e na consumação como vida. Deus é o Deus da vida e da salvação na medida em que ele oferece e realiza a salvação e a vida no interior do único mundo criatural, social e histórico do ser humano, na unidade espiritual-corporal do ser humano.

A salvação, portanto, não se relaciona a um suposto mundo oculto, além-túmulo-supratemporal, transcendente-representativo, como se fosse um segundo piso que se ergue acima do térreo deste mundo secular, profano e histórico. Nessa perspectiva, caso o mundo profano e aquém seja um vale de lágrimas para a maior parte da humanidade e uma terra paradisíaca para uma minoria, então o máximo que este mundo teria a ver com aquela salvação além-túmulo é que a alma imortal, mediante exercícios de piedade e de bons comportamentos morais, asseguraria o direito à felicidade naquele mundo do além. O pecado, portanto, não seria a oposição contra o próprio Deus e contra Deus na medida em que ele quer a salvação e a vida de cada ser humano. Esse dualismo do bem-estar terreno e da salvação no além, de promessa temporal e do cumprimento posterior encontrou na censura marxista uma acusação historicamente vigorosa de que a religião cristã seria apenas uma ideologia consoladora e serviria tão somente à estabilização da injustiça e da exploração na sociedade. Não se pode ignorar a justeza parcial dessa repreensão quando se adicionam simplesmente o bem-estar terreno e a salvação eterna. Fica-se sempre sob os pressupostos do princípio dualista quando aqui se oferece ingenuamente um *et... et...* (não só... mas também...), ou quando até mesmo mediante irrefletida teimosia alguém pretende contrariar o marxismo com a prova de que o sofrimento, no entanto, seria também um caminho para a salvação e que Jesus teria proclamado bem-aventurados os pobres em espírito e lhes teria prometido o Reino dos céus. Aqui se mostram também os limites da clássica doutrina social católica, sem que seus méritos devam ser discutidos (primazia do trabalho sobre o capital, obrigação social, propriedade privada dos meios de produção, de terreno e chão, acesso de todas as pessoas aos bens materiais da terra e, em casos extremos, até mesmo o direito à resistência armada contra sistemas políticos extremistas da exploração e da agressão aos direitos humanos). Aqui, o ensinamento social já não pode continuar a ser fundamentalmente útil porque ele, em certo sentido, é ainda devedor de um princípio dualista. De um lado, encontra-se o mundo natural, cujas leis e ordenações se abrem a uma racionalidade (pensada de modo a-histórico). E, de outro lado, encontra-se a ordem sobrenatural da graça. Consequentemente, o estado cuida da *temporalia*, pelo que a Igreja apenas provisoriamente formula os princípios e as metas da justiça e do bem-estar para todos, pelo que estas metas, porém, já são acessíveis à razão natural, justamente sem o recurso epistemológico à fé sobrenatural e à ajuda da graça sobrenatural. Em sentido estrito, à Igreja cabe a tarefa de ser responsável pela *espiritualia*. Para escapar à poderosa força de atração dessas categorias dualistas, que por muito tempo eram dominantes na dogmática cristã através do platonismo e do idealismo, é preciso, justamente também na forma de pensamento, ancorar-se na ideia de unidade bíblico-hebraica. É preciso partir da experiência de Deus como autor do único mundo na criação e na redenção, e da integridade do ser humano em sua existência espiritual-corporal individual e social. E a partir daí, então, toda a temática da teologia deve ser também redesenhada formalmente. Daí resulta outrossim uma nova compreensão metodológica da teologia. Um tanto esquematicamente, a teologia clássica seria descrita como compreensão teórica da realidade e também do agir característico de Deus no mundo. A teologia de corte mais existencial-antropológico dos últimos séculos perguntou o que Deus, a revelação e a graça seriam para o ser humano e em que eles contribuiriam para sua autocompreensão. Em contrapartida, a Teologia da Libertação entende por teologia a participação ativa, transformadora e, portanto, prática, na abrangente ação libertadora revelada por Deus, mediante a qual ele torna a história um processo de liberdade que se torna realidade. Essa participação se dá na ação transformadora que liberta o ser humano na medida em que ela o torna, ao mesmo tempo, comodelador do processo de libertação. Por conseguinte, não é possível uma adequada separação entre teoria e prática, entre teologia teórica e teologia prática. A teologia não compreende teórica e conceitualmente a realidade, em um primeiro momento, e a seguir, em um passo sucessivo, tenta pôr em prática as ideias da fé na realidade material concreta. No entanto, também não é como se um irrefletido ativismo, a partir de si mesmo, desse à luz a realidade das ideias de maneira mágica e mítica, por assim dizer. A práxis e o primado da práxis significam, antes, um encontro integral com a realidade e a participação no processo de sua realização social e histórica. Na medida em que o ser humano, com discernimento e de modo transformador, participa no processo da realidade, a compreensão da realidade é determinada como o princípio do discernir, e nisso se chega também a uma aplicação do conhecimento. Isso não é outra coisa senão a clássica determinação da relação entre fé e amor. Na fé, o ser humano insere-se totalmente no amor autocomunicativo de Deus, une-se a Deus no amor, que é a energia e a força de sua fé (Gl 5,6), e participa ativamente do amor diligente e libertador de Deus por todas as pessoas. Justamente apenas a fé que age pelo amor e a fé cuja forma e realidade interior é o amor experimentam inteiramente o dom da graça ou, no contexto social e escatológico abrangente, o dom do Reino de Deus.

> O amor é o sustentáculo e a plenitude da fé, da entrega ao Outro e, inseparavelmente, aos outros. É esse o fundamento da *práxis* do cristão, de sua presença ativa na história. Para a Bíblia, a fé é a resposta total do homem a Deus que salva por amor. Em tal perspectiva, a compreensão da fé aparece como compreensão não da mera afirmação – e quase recitação – de verdades, mas de um compromisso, de uma atitude global, de uma postura diante da vida.[3]

A teologia não se insere na realidade com uma referência abstrata e teórica. O teólogo participa intelectual e ativamente do processo de transformação da história, que é uma história de libertação através de Deus, e em um segundo momento, por meio da reflexão, ele chega a uma concepção de conjunto do curso dos acontecimentos. A participação no processo de libertação e sua reflexão crítica reconduzem, em um terceiro ponto, a uma mudança consciente da realidade rumo à meta estabelecida por Deus para ela. Assim, para o exercício da teologia, resulta triplo passo metodológico: em primeiro lugar, o cristão participa ativa, apaixonada e conscientemente da prática libertadora de Deus do ser humano na história; em segundo lugar, à luz do Evangelho, ele chega a uma reflexão crítica e racional da práxis e, em terceiro lugar, chega a uma transformação crítico-reflexiva da realidade. Em tudo isso, ele tem diante dos olhos a libertação para a liberdade do ser humano no Reino de Deus definitivo. A partir daí, resulta até mesmo uma opção por aqueles que devem ser libertados e por aqueles que, libertados na fé, participam, eles próprios, ativa e conscientemente no processo de libertação; estes, porém, são os oprimidos, os pobres e os miseráveis. O agir libertador de Deus visa a uma subjetivação do ser humano. Este não recebe passivamente o dom da libertação; ele torna-se imediatamente coportador do

---

[3] GUTIÉRREZ, G. *Teologia da libertação*, p. 62.

processo de libertação. Por conseguinte, de mero objeto do cuidado estatal e eclesial, o ser humano torna-se um sujeito que conduz e faz avançar o processo de libertação. Especialmente também a Igreja agora já não é mais Igreja para o povo, mas Igreja do povo. O povo de Deus torna-se, ele próprio, sujeito que faz avançar ativamente a história rumo à meta da plena libertação. Na concepção do Vaticano II, portanto, a Igreja não é simplesmente uma instituição que administra a salvação. A Igreja, como um todo (com sua articulação interna em leigos e hierarquia), torna-se sinal e instrumento para a comunhão de Deus com os seres humanos e destes entre si. A Igreja é ativamente o sacramento do Reino de Deus ou da salvação do mundo. Este é igualmente o sentido original das comunidades de base. No caso, base não se contrapõe à hierarquia. Trata-se de que a comunidade, como um todo (com a articulação interior e a diversificação em vários carismas, serviços e ministérios), torna-se sujeito do agir libertador e da práxis histórica da libertação. Daí resulta também a força histórica dos pobres, na medida em que eles próprios nomeadamente participam do processo histórico na condição de sujeitos e, no desenrolar-se da participação, tornam-se sujeitos do agir libertador. A novidade da Teologia da Libertação não consiste, portanto, em que ela apresenta à teologia um novo tema ou em que se reveste de um novo conteúdo de revelação. Ao contrário, o essencial consiste em um novo princípio e em uma nova metodologia com a qual, agora, os conteúdos clássicos da teologia católica são reconfigurados.

> Por tudo isso a Teologia da Libertação nos propõe, talvez, não tanto um novo tema para reflexão quanto uma *nova maneira* de fazer teologia. A teologia como reflexão crítica da práxis histórica é assim uma teologia libertadora, uma teologia da transformação da história da humanidade, portanto, também da porção dela – reunida em *ecclesia* – que confessa abertamente Cristo. Uma teologia que não se limita a pensar o mundo, mas procura situar-se como um processo por meio do qual o mundo é transformado: abrindo-se – no protesto diante da dignidade humana pisoteada, na luta contra a espoliação da imensa maioria da humanidade, no amor que liberta, na construção de uma nova sociedade, justa e fraterna – ao dom do Reino de Deus.[4]

---

[4]   Id. *Teologia da libertação*, pp. 73-74.

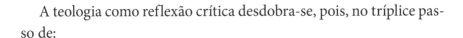
A controvérsia em torno da Teologia da Libertação

A teologia como reflexão crítica desdobra-se, pois, no tríplice passo de:

- uma mediação socioanalítica,
- uma mediação sistemático-hermenêutica,
- uma mediação pastoral e aplicação prática.

A propósito, diante de algumas críticas, cumpre notar que a mediação socioanalítica não se antepõe à teologia propriamente dita como mera teoria sociológico-científica profana. Esse passo já faz parte da própria teologia, na medida em que a teologia vê a situação social concreta já à luz da experiência de Deus como criador e libertador de todo ser humano. Ainda que esse primeiro passo teológico seja dado com o auxílio da análise das ciências sociais, ele permanece, no entanto, um elemento estritamente teológico.

3. Fazendo Teologia da Libertação

3.1. *A mediação socioanalítica*

A Teologia da Libertação parte do pressuposto de que nosso relacionamento com Deus e nossa situação no mundo e na sociedade estão interligados. Visto que o ser humano representa uma unidade mediada, em si, espiritual-materialmente, sua relação pessoal com Deus não deve ser separada das condições sociais e societárias nas quais o ser humano se realiza historicamente. Inversamente, nas condições sociais antagônicas revela-se também o distúrbio do relacionamento com Deus. Irrefutavelmente, mostram-se assim as estruturas sociais, especialmente na América do Sul, nisso que estas degradam a maioria à não humanidade como expressão e consequência da perda de Deus e, portanto, como empecilho a que Deus seja experimentado como o Deus da vida. Então, o que aqui existe como opressão, injustiça e miséria, nada tem a ver com o romantismo social de uma vida simples e humilde. Pobreza, aqui, outra coisa não significa senão

93

a morte. Contudo, como surge a pobreza maciça e letal? Pobreza, aqui, não significa simplesmente o resultado de um infortúnio individual ou de uma incapacidade pessoal de dominar a vida, mas uma condição existencial estrutural e inevitável que perturba a vida da maioria das pessoas. Aqui, para se chegar a uma primeira compreensão, faz-se mister uma ciência empírica com instrumentos das ciências sociais. Ao mesmo tempo, faz-se recurso também à análise marxista das sociedades modernas sob as condições econômicas industriais e orientadas ao capital. Não há dúvida de que a Teologia da Libertação não quer ter nada a ver com o totalitarismo ideológico do comunismo de cunho leninista e stalinista. Contudo, existe uma apropriação da concepção de que não há existência humana fora de seus condicionamentos históricos e sociais, e de que também não há conhecimento da verdade sem se levar em consideração o ponto de vista condicionado pelos interesses do observador. Certamente, no comunismo, há um princípio materialista. Todavia, ele é pensando, de fato, como oposto ao idealismo, e não ao cristianismo, que parte da antropologia de uma unidade espiritual-corporal do ser humano e, portanto, ao mesmo tempo, considera a realidade espiritual e sua realização sob as condições materiais da existência no mundo. Diferentemente do marxismo, porém, a Teologia da Libertação compreende o ser humano não simplesmente como produto e como o conjunto de suas condições materiais. O ser humano é, antes, a pessoa criada e chamada por Deus, a qual é sujeita e portadora da realidade e, por conseguinte, modeladora das condições materiais da existência humana no âmbito econômico e social. Se Deus quer libertar o ser humano e torná-lo sujeito de si mesmo, então a realização concreta da subjetividade e da liberdade só existe quando as condições sob as quais a subjetividade livre se realiza são mudadas. Para isso, o ser humano deve tornar-se também sujeito do processo de transformação na história. E na medida em que participa do processo de transformação da história, ele cria para si, ao mesmo tempo, os pré-requisitos para a participação no processo de reconhecimento da humanidade à luz do Evangelho. O antônimo de libertação é, pois, opressão. A opressão surge da dependência (sujeição). A dependência significa que as condições materiais de vida se tornam tão exíguas, que a subjetividade livre do ser humano não pode desenvolver-se. As estruturas de dependência, porém, não surgem absolutamente de modo fatal e natural. Isso seria um falso fatalismo que levaria a uma divisão da humanidade em opressores e oprimidos, ricos e pobres, senhores e escravos. A dependência global é antes resultado de um processo histórico e de sua continuidade atual. Com a colonização da América do Sul, desapareceram as condições culturais e econômicas autônomas das culturas indígenas. (Para uma glorificação romântica retrospectiva, aqui não há nenhuma justificativa, pois embora nas culturas incas e astecas praticamente não houvesse pobreza material, o relacionamento com a liberdade da pessoa não era dos melhores. Com efeito, reinava um cruel absolutismo estatal.) A América Latina transformou-se em fornecedora de matéria-prima e província dos centros econômicos na Europa e na América do Norte. Existe uma interdependência. A prosperidade do centro condiciona o empurrão da América Latina para a periferia. Os sistemas econômicos do mercantilismo e, posteriormente, do capitalismo industrial dos estados centrais e seus agentes nos superpoderosos grupos internacionais é que produzem a marginalização do terceiro mundo e uma pauperização de amplas massas populares. A esse respeito, nada muda no resultado se representantes individuais dos complexos industriais capitalistas têm subjetivamente boa vontade. Aqui, trata-se das regularidades objetivas que resultam da interdependência entre centro e periferia do sistema econômico no mundo. Ainda que nas sociedades da Europa Central o capitalismo esteja domesticado pelo estado de bem-estar social, permanece, no entanto, o fato de que os Estados e as sociedades capitalistas internacionais, em nível mundial, ainda se portam de modo meramente capitalista, segundo o princípio de uma maximização incondicional do lucro à custa dos fracos. Mencionem-se, aqui, apenas algumas palavras-chave: países de baixos salários, fornecedores de matéria-prima barata, a orientação da produção agrícola não para as necessidades das populações autóctones, mas para os produtos de luxo do primeiro mundo, a fuga do capital dos beneficiários locais, a concessão de créditos internacionais para a criação de uma infraestrutura para uma industrialização com isenção fiscal a investidores estrangeiros. O resultado é que os Estados devem devolver diversas vezes o crédito com juros, e juros acumulados, sem se envolver, através do imposto de renda, no complexo industrial local, dado que o lucro reflui para as empresas-mães no exterior. Devem-se mencionar também as medidas coercivas do Banco Mundial e do Fundo Monetário Internacional, que pretendem forçar esses Estados ao reembolso do empréstimo, o que só é possível em razão dos aumentos de impostos nacionais e da queda dos subsídios para os alimentos básicos, que têm como consequência imediata mais empobrecimento, até a morte pela fome dos mais pobres entre os pobres. Dever-se-ia aludir ainda, também, às elites do poder local e ao desperdício do orçamento nacional em rearmamentos militares improdutivos e inúteis objetos de prestígio. Esse desequilíbrio entre periferia e centro é provocado pelo sistema. (Isso não exclui que medidas de apoio eclesiais e privadas sejam expressão de boa vontade e frequentemente representem também uma necessária ajuda imediata. No entanto, elas não podem operar uma mudança fundamental.) Aqui, não basta também um simples apelo à boa vontade da classe dominante e proprietária. Uma vez que essas condições são estruturais, é preciso descer às raízes da miséria total e encaminhar um processo global de libertação.

A Teologia da Libertação chama de capitalismo a estrutura da qual resultam a opressão e a exploração. Com isso não se indica simplesmente um sistema econômico, no qual a livre iniciativa tem um lugar importante. Capitalismo significa, antes, a combinação de dinheiro e de instrumentos de poder materiais nas mãos de uma oligarquia ou também dos centros internacionais de poder e de economia. Como antônimo, a Teologia da Libertação usa o conceito de socialismo. Com isso, certamente, não se quer dar a entender uma economia planejada e de comando. Aqui, ao contrário, tem-se diante dos olhos a meta de uma participação ativa de todos os extratos sociais em cada país e também dos países subdesenvolvidos em todo o processo econômico mundial. Na medida em que as elites poderosas, para a manutenção da riqueza e da superfluidade, veem-se obrigadas à exploração e à opressão de amplas multidões de pessoas, a Teologia da Libertação, nesse sentido, fala também de uma luta de classes a partir de cima. A sociedade é compreendida como um campo dos conflitos de interesse. No geral, a história não se desenvolve a partir do desenvolvimento harmônico de suas virtualidades, mas mediante o antagonismo de princípios e de interesses opostos. A oposição entre o primeiro e o terceiro mundo, no presente, certamente, no caso, é apenas uma configuração histórica do antagonismo geral, que pervaga a história. Visto em profundidade, no plano da situação social e histórica, espelha-se a oposição definitiva da história, que a teologia compreende como um conflito entre a graça e o pecado. Se a Teologia da Libertação, em parte, recorre ao vocabulário marxista, com o discurso da luta de classes, ela não pretende visar à eliminação do ser humano de uma classe por outra. Não se trata também de uma grotesca inversão de papéis entre opressores e oprimidos, entre exploradores e explorados. Do ponto de vista cristão, trata-se de uma participação na luta da graça contra o pecado e, concretamente, também, de uma encarnação da salvação nas estruturas sociais promotoras da vida e uma superação do pecado e de sua objetivação em sistemas exploradores. Efetivamente, a graça e o pecado não existem simplesmente de modo puramente idealista e espiritualista em si, mas sempre unicamente junto com sua encarnação e materialização nas condições de vida humanas. Nesse sentido, a teologia da libertação afirma que a graça e o pecado, respectivamente, têm uma diferenciada dimensão política. Poder-se-ia talvez falar melhor de dimensão social, na medida em que a noção política, nos modernos Estados não totalitários, deve restringir-se à administração das forças sociais livres e de sua interação.

Esse discernimento da sociabilidade da graça ou do pecado não é, porém, tão novo quanto parece. Na doutrina social clássica, fala-se sempre de uma dimensão eclesial, portanto, também social, da graça e de sua concretização nas boas obras, ou seja, precisamente a conformação ativa do mundo. Na clássica doutrina do pecado original, já se diz que, naturalmente, na origem, o pecado brota do abuso do livre-arbítrio, o qual, em seguida, no entanto, estraga a natureza do ser humano, ou seja, o conjunto geral de suas condições materiais e espirituais de vida. Vista a partir da natureza corrompida, fica claro que a autotranscendência da pessoa para Deus e para o próximo na fé e no amor torna-se, agora, impossível.[5] Assim, compreende-se também que somente a partir da pessoa do novo ser humano (o novo Adão), precisamente a partir de Cristo, é que a natureza humana redimida e libertada pode realizar-se novamente. Visto que nossa natureza está livre dos condicionamentos da natureza hostil a Deus, agora podemos, portanto, como novas criaturas criadas por Deus em santidade e justiça, na condição de pessoas libertadas para a liberdade, agir também de maneira nova e, por conseguinte, participar justamente no agir libertador de Deus na história.

3.2. A mediação teológico-hermenêutica

A experiência da exploração e a análise de suas circunstâncias históricas e sociais devem ser agora interpretadas à luz da revelação. Os testemunhos bíblicos mostram-nos Deus como o criador que escolhe a história como o lugar do seu agir libertador. Sua ação redentora liberta o ser humano não da história, mas para a história como campo da efetivação das condições materiais adequadas ao ser humano para sua realização como pessoa espiritual. A boa-nova da criação é interpretada no contexto geral do agir redentor histórico. Ela mostra-nos a origem e a meta da similitude do ser humano com Deus, a qual, como realidade pessoal, sempre se realiza materialmente, ou seja, no

---

[5]   *Summa theologiae* III q.69 a.3; I-II q.81 a.1; q.82 a.1 ad 2; III q.8 a.5 ad 1.

mundo e no corpo. O agir histórico de Deus em relação a sua criação, que se separou de Deus no pecado, encontra-se sempre no sinal da redenção do ser humano e na libertação das condições escravizadoras autoproduzidas, que lhe obstaculizam a comunhão com Deus e com o próximo no amor. Do ponto de vista bíblico, isso se mostra fundamentalmente na experiência do êxodo. A salvação não jaz simplesmente na interioridade da alma, que não seria atingida pelos chicotes egípcios. Aos israelitas oprimidos, também não se promete simplesmente um além-túmulo melhor, pensado objetivamente. Ao contrário, a salvação acontece no agir libertador real de Deus, na retirada da escravidão. Contudo, isso é bem diferente de uma redução imanentista ou horizontalista. O agir libertador de Deus, que também envolve as condições materiais de vida, conduz à aliança com Israel. A aliança é a meta interior da libertação. A libertação é a manifestação externa da aliança, ou seja, da unidade de vida pessoal e comunitária do ser humano com Deus. Em contraposição à forma histórica da realização da salvação existe, portanto, de fato, uma transcendência da salvação. Contudo, a transcendência da salvação não consiste em um além espaçotemporal, em um mundo por trás da criação. Existe somente uma criação de Deus, com a qual o ser humano pode relacionar-se de maneira diferenciada. A transcendência da salvação, no confronto com sua realização histórica, não começa no momento de nossa morte individual ou no fim coletivo da história da humanidade. Ali, ao contrário, acontece a plenitude da transcendência da salvação, na medida em que Deus se torna o conteúdo absoluto de nossa autotranscendência pessoal (contemplação de Deus, eterna comunhão de amor). Ao mesmo tempo, porém, aqui acontece também a plenitude da imanência da salvação, isto é, tendo em vista que todos os contextos gerais histórico-sociais e materiais de nossa existência criatural são redefinidos por Deus (ressurreição do corpo, comunhão dos santos, a criação do novo céu e da nova terra). Deus mesmo, portanto, é o conteúdo absoluto da salvação tanto no relacionamento transcendental-pessoal do ser humano com ele quanto na plenitude e restauração das condições de vida materiais do ser humano que existe corporalmente na criação, ainda que certamente, também, de maneira oculta à nossa compreensão atual.

Por conseguinte, no cristianismo, a salvação, precisamente no sentido neotestamentário, seria completamente mal-entendida caso se quisesse espiritualizá-la perante uma suposta visão terrena e materialista veterotestamentária da salvação.

A Teologia da Libertação, em sua interpretação da Escritura, visa especialmente à crítica profética a todo culto exterior que perde de vista o amor a Deus e ao próximo. Ela mostra o partidarismo especial de Deus em favor dos pobres e dos excluídos; isso se mostra na literatura profética, principalmente no assim chamado Dêutero-Isaías (Is 40–55), na promessa messiânica de uma boa-nova para os pobres.

No Novo Testamento, o olhar recai sobre o agir-do-Reino-de-Deus, tal como o apresentam particularmente os Evangelhos sinóticos. Jesus anuncia seu Evangelho para os pobres, os prisioneiros, os oprimidos, os sofredores no corpo e na alma, e para os excluídos. Ele veio para os pecadores e não para os justos. Constata-se, aqui, uma opção do próprio Jesus pelos pobres, uma vez que os pobres são a quintessência dos seres humanos que buscam em Deus a salvação e a libertação das condições que os atormentam. Na cura que Jesus opera nos doentes, mostra-se exemplarmente a íntima conexão entre salvação (a vinda escatológica de Deus na pessoa de Jesus como Nova Aliança) e cura (como realização da salvação nas condições corporais da existência do ser humano). A cura corporal é, por assim dizer, uma antecipação da imanência escatológica da salvação. Jesus, certamente, era tudo, menos um reformador social ou um agente político. Ele não queria curar os sintomas. Ele trouxe o Reino de Deus de maneira abrangente, o qual, agora, no entanto, quer também, em princípio, superar os sintomas do pecado nas estruturas sociais injustas. Com efeito, Jesus, por outro lado, também não era o arauto de uma mística abstrata além-túmulo ou de uma ascese que separa do corpo. No anúncio e no agir de Jesus, temos a unidade dos aspectos transcendente e imanente da salvação. De igual modo, sua morte na cruz não pode, de forma alguma, ser reivindicada para uma religiosidade abstrata, que separa a criação da redenção. Ao contrário, Jesus morreu para mostrar o amor de Deus, transformador do mundo e libertador, também perante a resistência do pecador. A morte de cruz de Jesus, portanto, habilitou o mundo e a história a serem o campo da nova criação que se vai impondo. Por essa razão, ele também fala de uma nova aliança na carne e no sangue de Cristo. Encontra Cristo não aquele que o busca fora da corporalidade e da mundanalidade da existência humana, mas quem come sua carne, ou seja, quem comunga com sua realidade encarnatória; este possui também a vida eterna e, com isso, a comunhão com Deus e, portanto, a transcendência da salvação. A cruz de Jesus, portanto, mostra-se como a revelação escatológica da opção de Deus pelos pobres. Deus compromete-se em um processo histórico abrangente ao lado dos oprimidos, a fim de conduzi-los à liberdade e possibilitar-lhes a participação na realização da salvação prometida a todos os seres humanos. Nesse sentido, Gutiérrez fala, com razão, do poder histórico dos pobres. Quando os pobres participam do processo de salvação, eles também entram na história e saem de sua situação periférica e de sua irrelevância. Contudo, Deus também se empenha em favor dos exploradores e dominadores, na medida em que os liberta do medo de dever desfazer-se do modo de vida à custa dos outros. Portanto, ele dá-lhes a possibilidade de uma verdadeira liberdade. Agora, na ressurreição de Jesus, Deus mostrou-nos o que a vida realmente é e como nós, através de um poder-estar-aí para os outros, podemos estabelecer a liberdade nas estruturas concretas da realidade. Deus mostra-se como Pai de todos os seres humanos, como irmão em Cristo e como amigo no Espírito Santo. Ele permite, portanto, uma vida em liberdade, fraternidade e igualdade.

3.3. A mediação pastoral

A análise socioanalítica e as reflexões teológicas desembocam agora, mais uma vez, na ação da Igreja de Cristo. A Igreja só pode ser Igreja de Deus, se não tiver como meta apenas a própria subsistência e influência como organização e instituição. Ela só pode ser Igreja de Deus (segundo uma formulação de Dietrich Bonhoeffer), se for Igreja para os outros. Ela deve comprometer-se com o agir libertador histórico de Deus. Formulando-se no sentido do Concílio Vaticano II, isso significa: a Igreja é sinal e instrumento para a união de Deus com os seres humanos e dos seres humanos entre si. A Igreja está a serviço do objetivo de Deus com a humanidade na história. A alternativa não pode ser: "Ou Deus, no final dos tempos, traz sozinho o Reino de Deus, ou o ser humano instaura o Reino de Deus, o que, no entanto, com isso seria apenas o reino do ser humano". Por motivos da teologia da graça, deve-se também excluir uma divisão quantificadora da contribuição divina e humana no resultado geral. A graça de Deus e a liberdade (ação) humana encontram-se em outra relação. Deus comunica-se como conteúdo da liberdade humana, e ele se doa ao movimento da liberdade humana como meta, para a qual a liberdade humana, também com sua realização histórica e material, move-se dinamicamente (transcendência da salvação). Com isso, porém, Deus realiza de tal modo transcendental e explicitamente a salvação na história, que o ser humano como portador da história e modelador do mundo e da sociedade não é rejeitado, mas engajado (imanência da salvação). Somente quem pratica a verdade vive no presente da salvação, sem que deva produzir apenas mediante seu próprio agir autônomo. Com isso, mostra-se superada a oposição entre ortodoxia e ortopráxis, entre conhecimento da verdade mediante o pensamento e conhecimento da verdade mediante a ação, entre fé e amor. A existência cristã e a missão cristã incluem necessariamente a participação no processo escatológico e histórico de libertação. Ademais, inclui-se a sempre nova celebração do ser-livre na liturgia e nos sacramentos, bem como o conscientizar-se dos condicionamentos sócio-históricos da opressão e da escravidão. Também esta é tarefa da pregação da catequese e dos eventos educacionais, mas também do protesto público contra a opressão: a solidariedade com os pobres e a subjetivação do pobre, que toma nas mãos seu próprio destino, na medida em que modela ativamente sua vida e liberta-se das pressões sociais. O agir libertador dos pobres, sua solidariedade e, portanto, sua luta de classes não consistem (exceto em casos extremos) em uma insurreição armada contra os exploradores. Em primeiro lugar, trata-se de uma mobilização em grupos de autoajuda, na assunção de responsabilidade política e cultural, no trabalho distrital, na organização sindical e político-partidária, a fim de, mediante o poder dos pobres, provocar uma mudança social geral também em vista das estruturas econômicas globais. Também o Concílio Vaticano II fala, nesse sentido, do papel da Igreja, nisso que ela, na participação de todo o processo histórico, torna-se para a humanidade sacramento da libertação: "A alegria e a esperança, a tristeza e a angústia dos homens do tempo atual, sobretudo dos pobres e de todos os aflitos, são também a alegria e a esperança, a tristeza e a angústia dos discípulos de Cristo" (*Gaudium et spes*, n. 1).

> Para desempenhar tal tarefa, incumbe à Igreja, em todas as épocas, perscrutar os sinais dos tempos e interpretá-los à luz do Evangelho (…). É preciso, portanto, conhecer e compreender o mundo em que vivemos, suas expectativas, seus desejos e sua índole, muitas vezes dramática. (…) O gênero humano se encontra hoje numa nova época de sua história, em que rápidas e profundas mudanças se estendem progressivamente ao mundo inteiro. Estas, provocadas pela inteligência e pela criatividade humanas, incidem sobre o próprio ser humano, sobre seu julgamento e seus desejos individuais e coletivos, sua maneira de pensar e de agir tanto em relação às coisas como aos homens. Podemos assim falar de uma verdadeira transformação social e cultural, que repercute também na vida religiosa (*Gaudium et spes,* n. 4).

Portanto, em uma análise mais precisa da Teologia da Libertação, percebe-se que ela está completamente em continuidade com a teologia clássica, mas ela expressa, de maneira completamente nova, alguns impulsos fundamentais que até agora apenas ocultamente acompanhou, com vistas à situação social concreta na América Latina, situação esta que certamente não deve ser separada da dominação dos centros econômicos mundiais.

4. Legitimidade e limites de uma crítica à Teologia da Libertação

A Teologia da Libertação é totalmente rejeitada somente por poucos teólogos, à parte aqueles que na sociedade, no Estado e, em parte, também na Igreja, temem por seus privilégios. Do lado magisterial e teologal, apenas alguns elementos teóricos isolados encontram uma avaliação crítica, ou seja, exigem-se, em alguns pontos, ulteriores diferenciações. Intraeclesialmente, não pode haver nenhuma autoimunização contra teologias regionais (teologia europeia como juíza das teologias nas Igrejas jovens e, respectivamente, do outro lado, as declarações de que os europeus não poderiam, *a priori*, compreender a Teologia da Libertação). Se esse fosse o caso, então seria absurda, de saída, toda tradução. No diálogo, trata-se primeiramente de superar possíveis mal-entendidos. Frequentemente, o diálogo malogra na interpretação diversa dos conceitos com que se trabalha (socialismo, capitalismo, luta de classes etc.). No entanto, é um primeiro princípio hermenêutico não resolver aspectos problemáticos de outra concepção a partir dos próprios paradigmas dela, a fim de, assim isolada, examinar suas implicações e inferir como meta de toda a abordagem os princípios e consequências assim determinados.

O ponto principal de ataque é sempre a mediação socioanalítica e, parcialmente, o uso do instrumental conceitual marxista (teoria da dependência, esquema da teoria-práxis, interpretação do ser humano como modelador criador da história e sujeito do processo social). Fundamentalmente, não pode haver dúvidas de que o ponto de partida da teologia deve, por direito, ter presente a análise empírica das ciências sociais sobre a existência humana. Até mesmo a teologia clássica começa com uma apresentação da situação do ser humano,

A controvérsia em torno da Teologia da Libertação

que ela enxerga como criatura, agraciado ou pecador. A Teologia da Libertação apenas estende as linhas até as circunstâncias estruturais do ser criatura no pecado ou na graça. Resta verificar se, em relação a isso, a teoria da dependência é uma explicação total da situação histórica dos países do terceiro mundo. Certamente se pode sempre apontar para a ingovernável complexidade dos fatores a partir dos quais a situação atual se configura. No entanto, essa complexidade não pode tornar-se um álibi para um nada pensar e um nada fazer e, portanto, uma conservação das condições existentes. Pelo menos, nos países dos centros econômicos americano-europeus não havia nenhuma teoria alternativa que pudesse explicar melhor o fenômeno e os fatos da exploração, da pobreza e da opressão, e que pudesse colocar em movimento uma estratégia de mudança real. Naturalmente, todos os socialismos existentes perderam historicamente o prestígio. A validez de intuições sociológicas e econômicas isoladas a respeito do sistema das modernas sociedades industriais, tais como foram expressas por Marx, não precisa, por isso, ser desfeita. Tais intuições também não estão, de forma alguma, inseparavelmente ligadas à sua imagem ateísta do ser humano. Segundo essa, o ser humano seria o criador soberano de sua própria existência, e em prol de sua liberdade ele deveria negar a existência de um Deus criador e do efeito completo de sua graça. Contudo, também o assim chamado materialismo histórico não é uma criação *sui generis*. Vários dos seus elementos teóricos devem ser examinados a partir de sua origem na compreensão judeu-cristã de história e do fim de tudo [*eschaton*]. Precisamente o cristianismo não tem simplesmente uma compreensão harmônica e evolutiva da história. Graça e pecado são tidos como leis de movimento antagônicas do drama histórico. Para a Teologia da Libertação, no presente momento histórico, eles encontram sua configuração também na oposição entre opressão e libertação na América Latina e no mundo. Uma compreensão fundamentalmente antagônica do drama da história só se torna plausível, em todo caso, a partir de um estrito pano de fundo teológico. Somente uma

105

realidade transcendente constitui a história a partir de seu começo e de seu fim. Ela situa a história, portanto, em um campo de relação protológico e escatológico. E somente onde o ser humano é compreendido como pessoa, tendo em vista uma responsabilidade absoluta em relação a Deus, a fonte e a meta de toda a história, existe o ser humano também como ator colaborador na história. Efetivamente, o ser humano só se assume de verdade como executor em sua responsabilidade quando ele, em razão da livre aceitação da graça, afina-se com o movimento objetivo da história; alternativamente, mediante a recusa, a meta da história e, portanto, a plenitude do homem em Deus malogra.

Portanto, não se deveria suspeitar tão radicalmente de marxismo com respeito à Teologia da Libertação, quanto, ao contrário, investigar o marxismo com vistas à adoção e à secularização de convicções básicas da teologia cristã da história e da escatologia. Seria digno de discussão até que ponto é praticável, na redescoberta de ideias originalmente cristãs, evitar vocabulário marxista incômodo. Em todo caso, a Teologia da Libertação diferencia-se fundamentalmente do marxismo mediante seu ponto de partida em uma antropologia teológica. A Teologia da Libertação é simplesmente teologia que certamente, para o desenvolvimento do tema teológico, recorre instrumentalmente às ciências da sociologia, da politologia e da economia.

Justamente na compreensão da história, dever-se-ia falar da suspeita de uma esperança de salvação horizontal-aquém-mundo. De fato, existe a opinião segundo a qual a Teologia da Libertação, na prática, assumiria a destinação de um paraíso intramundano sobre a terra. Na verdade, ela se volta contra o dualismo entre uma salvação no além-mundo e futura, de um lado, e um bem-estar terreno, de outro. A Teologia da Libertação, como se presume, inclina-se, porém, por sua vez, para um monismo no qual a história profana e a história da salvação, o agir humano e a graça divina são unificados sem distinção. Se o bem-estar terreno (alimentação, vestimenta, habitação, educação, justiça e libertação) identifica-se com a salvação eterna e a história for o lugar de sua identidade, então este monismo ou leva a uma imanentização da esperança da salvação ou a uma pretensão teocrática-totalitária dos promotores do processo sociopolítico. A fim de compreender corretamente aqui a Teologia da Libertação, seria útil dar uma olhada na nova teologia dos anos cinquenta na França (onde Gustavo Gutiérrez estudou) e a discussão em torno da teologia da graça, na Alemanha (Karl Rahner). Aqui, desejava-se superar a dupla destinação do ser humano. Não existe, como supunha a neoescolástica, de um lado uma plenitude imanente do ser humano e, sem conexão com isso, uma plenitude sobrenatural e transcendente que nada tem a ver com a natureza humana em si e que simplesmente é acrescentada adicionalmente, de fora, por Deus. Com essa teoria da graça como superaditivo da natureza, pretendia-se assegurar a liberdade e a gratuidade da graça perante uma eventual pretensão da natureza. Contudo, partindo-se novamente, como Tomás de Aquino, da única destinação do ser humano (*desiderium naturale ad videndum Deum* [desejo natural de ver a Deus]), no qual, com outras palavras, a natureza criada por e para Deus só encontra em Deus sua plenitude, então só existe também uma única salvação, em suas dimensões transcendente e imanente. Contudo, o bem-estar terreno e a salvação eterna não coincidem indiferentemente. A salvação eterna é o próprio Deus, que se comunica com o ser humano, está presente na vida da fé e completa-se na contemplação de Deus. Os bens terrenos (liberdade, dignidade humana, justiça, superação da fome e da carência) são sinais, atualizações e realizações da única salvação no caminho histórico do ser humano e da humanidade rumo ao *eschaton*. Portanto, não existe nem uma pura separação nem uma trivial identificação entre bem-estar terreno e salvação eterna. Trata-se de uma unidade diferenciada em dois aspectos entretecidos, que são relacionamentos dinamicamente no campo histórico e escatológico e que se iluminam mutuamente. Isso se mostra, pois, também no relacionamento entre história profana e história da salvação. Por certo, a história do mundo não é simplesmente (como em Hegel) a autoobjetivação de Deus. A história do mundo é, inicialmente, o campo geral da luta dramática das forças dialéticas da graça e da libertação, de um lado, e pecado e opressão, de outro. No entanto, a história mundial é, porém, no mais profundo âmago, história da salvação, porque Deus, como criador e redentor do mundo e do ser humano, colocou-se, ele próprio, como a meta objetiva do movimento histórico e da atividade libertadora humana. Quem, portanto, toma partido pela libertação, coloca-se do lado do libertador divino. Na práxis, trata-se de participação transformadora no processo histórico na direção de sua meta transcendente e imanente. Quem age no sentido da libertação já se encontra do lado de Deus, quer ele o saiba reflexivamente, quer não. Com ele, o cristão que crê expressamente pode cooperar, ainda que não possa com ele rezar, confessar e celebrar a Eucaristia, porque ainda falta a relação pessoal com Deus em Cristo, explícita e consciente, que se expressa na confissão de fé e na participação na liturgia. No entanto, com uma pessoa que se pretende cristã, que age contra a libertação e, portanto, contra o amor de Deus, ele não só não pode colaborar, como também não pode confessar e celebrar juntos a Eucaristia, porque o pecado grave exclui da Eucaristia não somente *per legem*, mas porque o pecado exclui da Eucaristia segundo o conteúdo e o sentido, pois ela é celebração da graça e da libertação. Contudo, isso nada tem a ver com uma Eucaristia de classes, como foi incriminado. Não se deve excluir o cristão que por acaso pertence a outra camada social, mas o explorador e opressor ativo e consciente. Este é excomungado no sentido clássico da palavra. A Igreja afasta-o de sua comunhão, a fim de que ele se converta e, como sinal de sua conversão, seja novamente reconciliado com a Igreja, o que agora se expressa na celebração comunitária da Eucaristia.

No geral, portanto, pode-se compreender a Teologia da Libertação como uma nova teologia utilizada socialmente (Henri de Lubac), ou como uma teologia da graça utilizada histórico-socialmente, tal como foi desenvolvida por Karl Rahner.

Diante desse pano de fundo, desfazem-se também os questionamentos e objeções. Pode-se também demonstrar, ao mesmo tempo, o enraizamento da Teologia da Libertação original na revelação bíblica e na grande tradição teológica e magisterial da Igreja. Mesmo que ela, na elaboração e reflexão individuais de seus fundamentos, ainda esteja no estágio de desenvolvimento, as fragilidades e inconsistências nas declarações de alguns de seus representantes, vigentes nos meios de comunicação, não devem pôr em questão suas grandes intuições. A partir das necessidades da vida eclesial e a partir da teologia, deve-se dizer que a Igreja, no terceiro mundo, mas também a Igreja como Igreja universal, não pode renunciar à continuação e ao uso da Teologia da Libertação. Somente através da Teologia da Libertação é que a teologia católica pode desvencilhar-se, no mundo inteiro e de forma momentosa, do dilema dualista entre o terreno e o além-túmulo, entre o bem-estar terreno e a salvação eterna, respectivamente, de uma dissolução monística de um aspecto no outro, um dilema que o marxismo não produzira, apenas expressara. Não por último, por essa razão a Teologia da Libertação deveria ser vista como uma alternativa radical à imagem de ser humano marxista e à utopia histórica daí procedente. Precisamente a pretensão metodológica da Teologia da Libertação, de empregar uma práxis transformadora, outra coisa não é senão a nova formulação do evento original da teologia em absoluto. Em primeiro lugar, vem o seguimento de Cristo e, a partir daí, também a formulação da confissão de quem Jesus é propriamente.

É possível que a Teologia da Libertação, na conjuntura da opinião pública, tenha perdido o interesse. Em relação aos insolúveis problemas de fundo, ela presta um auxílio indispensável ao serviço transformador, reflexivo e pastoral da Igreja de Cristo à humanidade. No contexto regional e para a comunicação teológica mundo afora, a Teologia da Libertação é imprescindível.

Capítulo V

Onde dormirão os pobres?*

GUSTAVO GUTIÉRREZ

Uma série de acontecimentos dos últimos anos (econômicos, políticos, culturais e eclesiais) esboçaram, em um ritmo surpreendente, uma situação muito nova. Chamou-se a isso de mudança de época, mesmo que não tenhamos ainda a distância histórica necessária para qualificá-la de forma definitiva. No entanto, não há dúvida sobre o inédito do presente estado de coisas.

Trata-se de uma situação que leva a repensar muitas coisas. Um bom número de análises e de propostas enunciadas em anos recentes perderam vigência; numerosas discussões e detalhamentos desse tempo não respondem plenamente aos desafios atuais. Ignorar essas mudanças significaria fechar-se no passado, viver de nostalgias e

---

* Publicado em *El Rostro de Dios en la historia* (Lima, PUCP-IBC-CEP, 1996), pp. 9-69.

condenar-se a virar as costas às pessoas de hoje.[1] Não se trata de um fútil estar "em dia", mas de uma questão de seriedade em relação à solidariedade e à atenção que devemos aos demais. Além disso, para um cristão, significa estar aberto ao que o Senhor quer dizer-nos através de acontecimentos históricos que devem ser lidos e discernidos, na linha de João XXIII e do concílio, como sinais dos tempos.

Impõe-se fazer uma leitura dos traços que vão configurando essa época. Isso implica abertura e disposição para escutar. Ao mesmo tempo, e em função da tarefa de anúncio do Reino de Deus e do discurso sobre a fé, é necessário examinar a nova situação a partir do Evangelho. Nós o faremos de forma muito concreta, a partir da opção preferencial pelo pobre, que é uma questão fundamental na Teologia da Libertação.

Uma breve passagem do livro do Êxodo pode iluminar-nos nesse propósito. Entre as prescrições que Moisés recebe de Iahweh para serem transmitidas a seu povo, formula-se, em termos simples e expressivos, a de preocupar-se onde dormirão aqueles que não têm com que cobrir-se (cf. Ex 22,26). O texto convida-nos a fazer uma pergunta que ajuda a ver o que está em jogo no momento atual: onde dormirão os pobres no mundo que se prepara e que, de certo modo, já deu seus primeiros passos? Que será dos preferidos de Deus no tempo que virá?

No mundo da revolução tecnológica e da informática, da "globalização" da economia, do neoliberalismo e do pretenso pós-modernismo, há lugar para os que hoje são pobres e marginalizados, que buscam libertar-se de uma situação desumana que espezinha sua condição de pessoas e de filhos de Deus? Que papel têm os Evangelhos e a fé dos pobres em um tempo alérgico às certezas e à solidariedade humana? Que significa, hoje, fazer a opção preferencial pelos

---

[1] Para uma apresentação global e uma análise desse tempo, cf. E. Hobsbawm, Towards the Millenium. In: *Age of extremes* (Londres, 1994), pp. 558-585. (Em português: *Era dos extremos. O breve do século XX*. Trad. Marcos Santarrita. São Paulo: Companhia das Letras, 1995). Para o autor, o século XXI começou já em 1992.

pobres como caminho rumo a uma libertação integral? Perante os desafios do presente, claro está que só nos será possível começar uma tentativa de resposta.

1. Teologia e anúncio do Evangelho

A fé é uma graça. Acolher esse dom é colocar-se atrás das pegadas de Jesus, pondo em prática seus ensinamentos e continuando sua proclamação do Reino. No ponto de partida de toda teologia está o ato de fé. Pensar a fé é algo que surge espontaneamente no crente, reflexão motivada pela vontade de tornar mais profunda e mais fiel sua vida de fé. Esta, porém, não é assunto puramente individual: a fé é vivida sempre em comunidade. Ambas as dimensões – a pessoal e a comunitária – marcam seja a vivência da fé, seja a inteligência dela.

A tarefa teológica é uma vocação que surge e é exercida no seio da comunidade eclesial. Ela está a serviço da missão evangelizadora da Igreja. Essa localização e essa finalidade lhe dão seu sentido e esboçam seus alcances.[2] A teologia é um falar acerca de Deus animado pela fé; Deus é, na verdade, o primeiro e o último tema da linguagem teológica.[3] Muitos outros pontos podem ser tocados por esse falar, mas isso não acontece senão na medida em que esses temas têm relação com Deus.

A abordagem teológica é sempre insuficiente. É necessário estar disposto a tomar novos caminhos, refinar conceitos, modificar o modo de tratar os problemas. Daí a diversidade, dentro da unidade da fé da Igreja, das abordagens da Palavra revelada no decurso da história. Com efeito, a fé não pode ser identificada com uma ou outra teologia, conforme reza a afirmação tradicional. Os diversos esforços de inteligência da fé são úteis e fecundos, mas sob a condição de que nenhum deles se apresente como o único válido. O sentido e

---

[2] Cf. GUTIÉRREZ, G. Teología: una función eclesial. In: *Páginas 130* (dic. 1994), pp. 10-17.
[3] Tomás de Aquino lembrou-o com força e lucidez: cf. *S. T.* I q. 1, a. 7.

o alcance dessas reflexões exigem uma clara consciência da modesta assistência que elas prestam às tarefas prioritárias da Igreja.

Conforme já se disse, a reflexão teológica acha-se, em primeiro lugar, a serviço da vida cristã e da missão evangelizadora da comunidade eclesial; e através disso presta também um serviço à humanidade. Presente no mundo, a Igreja deve proclamar, com linguagem acessível e interpeladora, tanto a presença atuante do Reino de Deus no hoje do devir histórico quanto sua vinda futura e plena. Essa perspectiva é um dos pontos centrais do Concílio Vaticano II (cf. *Gaudium et spes*, n. 44). Nessa tarefa, o compromisso dos cristãos e a reflexão teológica exercem papel fundamental.

Evangelizar é anunciar com obras e palavras a salvação em Cristo. Tendo vencido, pela raiz, as forças do pecado que dominam o "velho homem", mediante sua entrega até a morte, e por meio de sua Ressurreição pelo Pai, o Filho de Deus encarnado aplana o caminho do "homem novo", a fim de que dê cumprimento a sua vocação de comunhão com Deus no "face a face" paulino (1Cor 13).

Mas, precisamente porque essa libertação do pecado vai ao coração mesmo da existência humana, lá onde a liberdade de cada um aceita ou rejeita – em última instância – o amor gratuito e redentor de Deus, nada escapa à ação salvífica de Jesus Cristo. Esta alcança todas as dimensões humanas, pessoais e sociais, e nelas deixa sua marca.

As teologias trazem, necessariamente, a marca do tempo e do contexto eclesial em que nascem. Vivem enquanto continua vigente o substrato das condições em que nasceram.[4] Naturalmente, as grandes teologias superam, de algum modo, tais fronteiras cronológicas e culturais; as de menor envergadura – por mais significativas que possam ter sido em seu momento – estarão mais sujeitas ao tempo e às circunstâncias. Referimo-nos, certamente, às modalidades particulares de uma teologia (estímulos imediatos, instrumentos de análi-

---

[4]   Às vezes se fala de teologias contextuais, como um tipo especial de inteligência da fé. Depende do que se quer dizer, porque, de certo modo, toda teologia é contextual, sem que isso ponha em questão aquilo que tem valor permanente nesse esforço.

se, noções filosóficas, e outras), não às afirmações fundamentais que dizem respeito às verdades reveladas. A história da teologia ilustra claramente o que acabamos de observar.

Por outro lado, deve-se observar que toda reflexão teológica, mesmo com seus limites e deficiências, suas paixões e intenções, entra em diálogo com outros ensaios de compreensão da fé. O que é característico em uma teologia é ajudar a esclarecer a consciência do crente com vistas a seu encontro com Deus e quanto ao que implica a Boa-Nova para a comunidade cristã e para o mundo. Cada uma o faz com seus recursos e limites, enriquece-se com a contribuição de outras teologias e contribui com elas. Para um discurso sobre a fé, o mais importante não é durar, e menos ainda, perdurar, mas levar suas águas a rios mais largos e caudalosos, à vida do conjunto da Igreja.

Por tudo isso, devem interessar-nos os sofrimentos e as angústias, as alegrias e as esperanças das pessoas de hoje, bem como a situação atual da tarefa evangelizadora da Igreja, mais do que o presente ou o futuro de uma teologia.

1.1. Na perspectiva da Teologia da Libertação

Como é natural, tudo o que foi dito sobre a função do discurso sobre a fé em geral vale para um esforço determinado. É o caso da Teologia da Libertação. Como toda inteligência da fé, ela nasce em um lugar e em um momento precisos, buscando responder a situações históricas, móveis por natureza, que desafiam e, ao mesmo tempo, abrem novas rotas à tarefa evangelizadora da Igreja. A teologia é, por isso, permanente enquanto esforço de compreensão exigido pelo dom da fé e, simultaneamente, é mutável na medida em que responde a interpelações concretas e a determinado mundo cultural.

1.2. Um critério segundo o Evangelho

Desde seus começos, como é bem conhecido, a Teologia da Libertação, que nasceu de uma intensa preocupação pastoral, esteve ligada à vida da Igreja, a seus documentos, à sua celebração comunitária, à

Ao lado dos pobres

sua inquietude evangelizadora e a seu compromisso libertador com a sociedade latino-americana, particularmente com os mais pobres de seus membros As conferências episcopais latino-americanas dessas décadas (Medellín, Puebla, Santo Domingo), numerosos textos de episcopados nacionais e outros documentos referendam essa asseveração, inclusive quando nos convidam a um discernimento crítico diante de afirmações infundadas e de posições que alguns pretendiam deduzir dessa perspectiva teológica.

Na linha do tema que nos propusemos tratar nestas páginas, gostaríamos de enfatizar alguns aspectos da contribuição da vida e da reflexão da Igreja presente na América Latina, tendo em vista o tempo vindouro.

Parece-nos que sua contribuição fundamental gira em redor da chamada opção preferencial pelo pobre. Ela organiza, aprofunda e, eventualmente, corrige muitos compromissos assumidos nestes anos, bem com as reflexões teológicas a eles vinculados. A opção pelo pobre é radicalmente evangélica, constitui, portanto, um critério importante para operar uma filtragem nos precipitados acontecimentos e nas correntes de pensamento de nossos dias.

A proposta de João XXIII a respeito da "Igreja de todos e, em especial, a Igreja dos pobres",[5] encontrou na América Latina e no Caribe uma terra fértil. O nosso é o único continente majoritariamente pobre e cristão a um só tempo. A presença de uma massiva e desumana pobreza levou ao questionamento a respeito do significado bíblico da pobreza. Até meados da década de 1960, no campo teológico formula-se a distinção entre três acepções do termo pobre: a) a pobreza *real* (chamada frequentemente de pobreza material), como um estado escandaloso, não desejado por Deus; b) a pobreza *espiritual*, como infância espiritual, que tem como uma de suas expressões – não a única – o desprendimento perante os bens deste mundo; c) a

---

[5]   Alocução radiofônica do dia 11 de setembro de 1962.

pobreza como *compromisso*: solidariedade com o pobre e protesto contra a pobreza.

Medellín recolheu com autoridade essa distinção (Pobreza, n. 4), de modo que ela adquiriu, assim, um enorme alcance no âmbito da Igreja latino-americana e para além dele. Esse enfoque inspirou o compromisso e a reflexão de muitas comunidades cristãs e se converteu no fundamento do que nas proximidades de Puebla e nos textos dessa conferência episcopal será expresso com a frase: opção preferencial pelos pobres. Com efeito, nos três termos dessa expressão, encontramos, uma a uma, as três noções distinguidas em Medellín. Mais tarde, a Conferência de Santo Domingo reafirmará essa opção, na qual devemos inspirar-nos "para toda ação evangelizadora comunitária e pessoal" (n. 178).

A referida opção retoma e lembra uma penetrante linha bíblica que, de um modo ou de outro, esteve sempre presente no mundo cristão.[6] Ao mesmo tempo, a formulação presente lhe confere nova vigência nas circunstâncias atuais: ela fez seu caminho e se encontra no magistério eclesiástico universal. João Paulo II referiu-se a ela em numerosas ocasiões. Mencionemos apenas duas: na *Centesimus annus*, afirma que "relendo" a *Rerum novarum*, à luz de realidades contemporâneas, pode-se observar que ela é um "testemunho excelente da continuidade, dentro da Igreja, do que agora se chama opção preferencial pelos pobres" (n. 11);[7] e na carta *Tertio millennio adveniente*, que nos interessa de modo especial, recordando que Jesus veio evangelizar os pobres (em referência a Mt 11,5 e Lc 7,22), se pergunta: "Como não sublinhar com maior decisão a opção preferencial da Igreja pelos pobres e marginalizados?" (n. 51).

---

[6] Cf., por exemplo, no caso das Igrejas metodistas, Th. W. Jennings, *Good News to the Poor. John Wesley's Evangelical Economics* (Nashville, Abingdon Press, 1990).

[7] O texto continua: "Opção que na *Sollicitudo rei socialis* é definida como uma 'forma especial de primazia no exercício da caridade cristã'" (n. 42; *C.A,.* n. 11). Para a presença da opção pelo pobre no Magistério social da Igreja, cf. D. Dorr, *Option for the poor. A Hundred Years of Vatican Social Teaching* (Dublin-NY, Gill and MacMillan-Orbis Books, 1983).

Ao lado dos pobres

1.3. *Preferência e gratuidade*

A temática da pobreza e da marginalização convida-nos a falar de justiça e a levar em conta os correspondentes deveres do cristão. Assim é, na verdade, e esse enfoque é, sem dúvida, fecundo. Contudo, não se deve perder de vista o que faz com que a opção preferencial pelos pobres seja uma perspectiva tão central. Na raiz dessa opção, está a gratuidade do amor de Deus. Esse é o fundamento último da preferência.[8]

O próprio termo "preferência" rejeita toda exclusividade e busca ressaltar os que devem ser os primeiros – não os únicos – em nossa solidariedade. É tópico frequente em nossa reflexão teológica, ao comentarmos o sentido da preferência, dizer que o grande desafio vem da necessidade de conservar, ao mesmo tempo, a universalidade do amor de Deus e sua predileção pelos últimos da história. Ficar unicamente com um desses extremos é mutilar a mensagem evangélica.

Em última instância, a opção pelo pobre é, convém enfatizar, uma opção pelo Deus do Reino anunciado por Jesus. A razão definitiva do compromisso com os pobres e oprimidos não está, consequentemente, na análise social que empregamos, muito menos na experiência direta que possamos ter da pobreza, ou em nossa compaixão humana. Todos eles são motivos válidos, que têm, sem dúvida, um papel significativo em nossas vidas e solidariedades. No entanto, como cristãos, esse compromisso se baseia fundamentalmente na fé no Deus de Jesus Cristo. É uma *opção teocêntrica* e profética, que finca suas raízes na gratuidade do amor de Deus e é requerida por ela. Sabemos que não há nada mais exigente do que a gratuidade (cf. a carta de Paulo a Filêmon, v. 21).

O pobre deve ser preferido não porque seja necessariamente melhor do que outros, a partir do ponto de vista moral ou religioso, mas porque Deus é Deus. Toda a Bíblia está marcada pelo amor de

---

[8] Por essa razão, e pelas que serão recordadas nas linhas seguintes, o termo "preferência" tem uma função chave na frase que comentamos.

predileção de Deus pelos fracos e maltratados da história humana. As bem-aventuranças evangélicas no-lo revelam agudamente: elas nos dizem que a preferência pelos pobres, famintos e sofredores tem seu fundamento na bondade gratuita do Senhor.[9] A opção preferencial pelo pobre não é, portanto, somente uma pauta pastoral e uma perspectiva de reflexão teológica; é também, em primeiro lugar, um movimento espiritual, no sentido forte da expressão. Um itinerário no encontro com Deus e com a gratuidade de seu amor, um caminhar "na presença do Senhor na terra dos vivos" (Sl 116,9). Se não se vai até esse nível de espiritualidade, do seguimento de Jesus, ou seja, até o coração da vida cristã, não se percebe o alcance e a fecundidade da referida opção.

Um filósofo de profunda tradição bíblica (e talmúdica) desenvolveu um pensamento, mais concretamente, uma ética (para ele, a primeira filosofia) da alteridade que pode iluminar nossas considerações. Aludimos a E. Levinas.[10] "A Bíblia", diz-nos ele, "é a prioridade do outro em relação ao eu". O que vale para toda pessoa se faz ainda mais radical tratando-se do pobre. "No outro, continua ele, vejo sempre a viúva e o órfão. O outro sempre precede o eu".[11] A viúva, o órfão e o estrangeiro constituem a trilogia que na Bíblia designa o pobre. Que o outro tenha a precedência é algo que pertence à sua condição de outro; isso deve ser assim, mesmo quando esse outro me ignore ou me olhe com indiferença. Não se trata de uma questão de reciprocidade; estamos perante um primado no outro, que dá aquilo que nosso autor chama "a dissimetria da relação interpessoal".[12] Teologicamente, diríamos que, se o outro e, de modo muito exigente, o po-

---

[9] Esse ponto foi esmiuçado com toda a clareza desejada por J. Dupont, *Les Béatitudes* (3 v.) (Paris, Gabalda, 1964-1969). Na mesma linha, cf. J. Schlosser, *Le Règne de Dieu dans les dits de Jésus* (Paris, Gabalda, 1980).

[10] Nessa perspectiva da alteridade, e em relação com a parábola do bom samaritano, citávamos Levinas em: *Teología de la Liberación* (Lima, CEP 1971 e 1988, 2. ed.), pp. 251 e 309, respectivamente.

[11] *De Dieu qui vient à l'idée* (Paris: Vrin, 1982), p. 145.

[12] Ibid.

bre devem ter precessão é por gratuidade, porque é necessário amar como Deus ama. Dar não como retribuição pelo que se recebeu, mas porque se ama. "Deus amou-nos primeiro", diz-nos João (1Jo 4,19). Ser cristão é responder a essa iniciativa.

Ética exigente, não há dúvida. A relação com o outro adquire, além do mais, para o cristão, maior profundidade quando se leva em conta a fé na Encarnação e se está atento a suas reverberações.[13] A Bíblia enfatiza o laço entre o amor a Deus e o amor ao próximo: maltratar o pobre é ofender a Deus – diz-nos de diversas maneiras. Essa linha de força se afirma nos Evangelhos e culmina com o texto mateano do juízo final (25,31-46). O gesto ao pobre é um ato dirigido ao próprio Cristo. Como se diz em Puebla, nos "rostos muito concretos" dos pobres devemos reconhecer os traços do Cristo sofredor, o Senhor que nos questiona e interpela" (n. 31).[14] A vida cristã move-se entre a graça e a exigência.

Essa percepção, profundamente bíblica, mantém, com clareza, a distinção entre Deus e o ser humano, mas não os separa. O compromisso com o pobre não se limita ao espaço social; este está presente, evidentemente, mas tal solidariedade encerra também, e como algo primordial, um conteúdo profundamente espiritual e uma base cristológica. Tem uma relação estreita e indissolúvel com as verdades basilares de nossa fé. Somente sobre esse pano de fundo se aprecia o significado da opção preferencial pelo pobre. Assim viveram-na e vivem-na muitos cristãos na América Latina. Por isso, revela-se um critério decisivo e fecundo para compreender, a partir da fé, os tempos que correm.[15]

---

[13] Aqui nos encontramos em um plano distinto do estritamente filosófico. Levinas trabalha de forma profunda a interpelação que nos chega do "rosto do outro" (cf. *Totatlité et infinit*. La Haye: M. Nighoof, 1961, pp. 168-194); no entanto, como é natural, ele não relaciona com a Encarnação do Filho de Deus, que está fora de seu horizonte.

[14] Texto retomado e aprofundado em Santo Domingo (n. 178-179).

[15] J. C. Scannone mostrou a fecundidade desse ponto de vista no trabalho filosófico. Cf. La irrupción del pobre y la pregunta filosófica en América Latina. In: *Irrupción del pobre y quehacer filosófico* (Buenos Aires, Bonum, 1993), pp. 123-140.

2. Rumo a uma economia planetária

Um tema frequente desse tempo é a chamada "globalização" da economia. Em séculos passados, a humanidade já encetou, de certa maneira, um caminho para um mundo que seria uno, mas esse traço hoje se acentua.

2.1. Um século fascinante e cruel

Faz pouco tempo, Enrique Iglesias, presidente do Banco Interamericano de Desenvolvimento (BID), dizia que o século vindouro será "um século fascinante e cruel". Como todas as frases um tanto paradoxais, essa se nos mostra questionadora e atraente. Isso não obstante, se nos dermos ao trabalho de lê-la mais atentamente, revela-nos a trágica realidade que expressa.

De fato, graças ao extraordinário desenvolvimento da ciência e da técnica, abriu-se uma época fascinante. Com uma possibilidade de comunicação (ou ao menos de informação) entre as pessoas como a humanidade jamais conhecera e com uma capacidade de domínio da natureza que supera as fronteiras de nosso planeta e torna realidade o que até há pouco tempo parecia ficção científica. A isso, acrescenta-se uma oportunidade de consumo ilimitado e também, desgraçadamente, um potencial de destruição que pode alcançar todo o gênero humano. Como seres humanos e como crentes, não podemos senão valorizar e admirar esses avanços, em que pesem as nuvens escuras que se divisam também no horizonte.

Apesar disso, hoje, concretamente, o tempo vindouro será fascinante para as pessoas que possuem certo nível social e participam dos níveis de ponta do conhecimento tecnológico. Os que têm essa possibilidade tendem a formar um estamento humano internacional, fechado sobre si mesmo, esquecido daqueles – inclusive pertencentes ao mesmo país – que não fazem parte do clube.

Esses últimos são os pobres. A eles se aplica principalmente o segundo adjetivo da frase. O século próximo será cruel, de fato, para os "insignificantes" da história. Sua pobreza e sua marginalização – se não fizermos um imenso esforço de solidariedade – aumentarão, haverá maior miséria e serão mais numerosos os que viverão nela, como o demonstram todos os índices dos organismos internacionais a esse respeito.

Com outras palavras, o futuro imediato não será, na verdade, fascinante e cruel para as mesmas pessoas. Isso torna mais premente o desafio que nosso tempo apresenta, e maior a interpelação à fé no Deus de Jesus Cristo, que ama a todos e chama a proteger os mais pequenos.

2.2. Um mercado incondicional

Vivemos em uma época cada vez mais dominada pela economia liberal, ou neoliberal, se se preferir. O mercado sem restrições, chamado a regular-se por suas próprias forças, passa a ser o princípio quase absoluto da vida econômica. O célebre e clássico "laisser-faire", dos inícios da economia liberal, postula hoje, de forma universal – em teoria, pelo menos –, que toda intervenção do poder político para regular o mercado, inclusive para atender a necessidades sociais, vai em detrimento do crescimento econômico e redunda em dano para todos. Por isso, se se apresentam dificuldades no ritmo econômico, a única solução é mais mercado.

Depois de algumas transformações,[16] a onda liberal retomou o impulso nos últimos tempos e cresce sem limites. As grandes empresas

---

[16] O "capitalismo selvagem" dos primeiros tempos provocou a reação dos trabalhadores, "justificada a partir do ponto de vista da moral social" *(Laborem exercens* [Le], n. 8), os quais se organizaram para defender seus direitos. Foi duramente criticado por seu caráter impiedoso, em nome de princípios e de realidades humanas e religiosas que colocavam o valor da pessoa humana no centro da economia (cf. a Doutrina Social da Igreja). Sofreu também assédio dos movimentos socialistas que buscavam orientar ideologicamente as organizações operárias. E enfrentou mais mal do que bem a grande crise de 1929. Um dos resultados dessas situações e debates foi o que se conhece como o Estado de Bem-estar Social, que tentou dissimular alguns dos maiores problemas da aplicação do liberalismo econômico, mas que nunca chegou a instalar-se realmente nos países pobres. Os grandes economistas neoliberais (Hayek, Friedman e outros), por sua vez, submeteram a uma enérgica crítica o Estado de Bem-estar que havia começado a experimentar dificuldades de ordem econômica (cf. a refinada análise dessas críticas feita por

Onde dormirão os pobres?

transnacionais (o elemento dominante na ordem econômica atual) e os países ricos pressionam os mais pobres para que abram seus mercados, privatizem suas economias e levem a cabo o que se designa como ajustes estruturais. Os organismos internacionais (Banco Mundial, Fundo Monetário Internacional) foram agentes eficazes nessa integração das economias frágeis em um mercado único. A consciência da interdependência como tal pode ter muito de positivo, mas a forma de que ela se reveste atualmente é de uma assimetria que sublinha as injustas desigualdades existentes.[17] O elemento de ponta na globalização da economia é o capital financeiro que navega pelo mundo atravessando fronteiras, com uma mobilidade incrível, em busca de novos e melhores lucros. As fronteiras das economias nacionais – inclusive as dos grandes países – esfumam-se.[18]

Um aspecto dessa globalização, dentre os mais dolorosos e urgentes para os países pobres, é o da dívida externa, que mantém submissas e sufocadas as nações devedoras. Se esse assunto não receber logo uma solução apropriada, há poucas possibilidades de que os países pobres possam sair da situação em que se encontram atualmente.[19]

Diversos fatores intervieram no processo que levou a esse resultado. Mencionemos dois deles. No nível político, não resta dúvida, teve grande peso a derrocada do socialismo autoritário. Na Rússia e nos países do Leste, ele negou-se a ver a complexidade das dimensões

---

A. Hirschman, *The Rhetoric of Reaction* (Cambridge/ Massachusetts: The Belkap Press, 1991). Atualmente, estamos diante de um regresso aos postulados iniciais do capitalismo, com a força das dimensões universais que adquiriu. E isso tem consequências especiais para as nações pobres.

[17] A situação é de tal modo evidente que, apesar de sua defesa do mercado, o próprio diretor--gerente do Fundo Monetário Internacional reconhece que não se pode "ignorar o potencial achatamento dos fracos e desassistidos", que resulta da concorrência do mercado nas circunstâncias do mundo de hoje" (CAMDESSUS, M. Economía ¿para qué futuro? *La Cuestión Social*, ano 4, n. 1, p. 67, março-maio 1996).

[18] A respeito desse assunto de economias nacionais e economia global, cf. R. B. Reich, *The Work of Nations* (Nova York: Vintage Books, 1992).

[19] Cf. IGUÑIZ, J. *Deuda externa en América Latina. Exigencias éticas desde la Doctrina social de la Iglesia* (Lima: CEP/IBC, 1995).

humanas e violou sistematicamente o direito à liberdade.[20] De um mundo bipolar, passamos a outro, unipolar, mais no político e no militar do que no econômico, a bem da verdade. O outro fato, de fôlego mais longo, é o papel desempenhado pelo conhecimento tecnológico (novos materiais, novas fontes de energia, biotecnologia). Uma de suas vertentes mais dinâmicas é a informática.[21] O assunto trouxe mudanças formidáveis no processo de produção. Ademais, fica cada vez mais claro que, hoje, o conhecimento tornou-se a mais importante coluna para a acumulação na atividade econômica. Os avanços nesse campo permitiram pisar no acelerador da já desenfreada exploração – e depredação – dos recursos naturais do planeta, que são um patrimônio comum da humanidade. Isso mostrou a gravidade da questão ecológica em nossos dias.

Com suas conquistas e terrores, seus progressos e crueldades, suas possibilidades e esquecimentos, o panorama da economia e do tecido social contemporâneos mudou nos últimos anos com rapidez vertiginosa, como não o fizera em séculos. A nova situação apela para uma renovação de métodos de análise que permitam dar conta da multiplicidade de fatores em jogo na trama social e econômica de nosso tempo.[22] Contudo, ela chama-nos também a considerá-la a partir de uma ética cristã e de uma reflexão teológica com vistas a um discernimento necessário.

---

[20] Esse fato abriu novo espaço no âmbito internacional, mas nele não foram eliminadas automaticamente "as situações de injustiça e de opressão existentes" (*Centesimus annus* [como na nota 7] 26; cf., também, o n. 42).

[21] Falou-se a respeito de uma terceira onda revolucionária na história da humanidade, tema popularizado pelas obras de A. y H. Toffler. Cf., igualmente, T. Sakaiya, *Historia del futuro: la sociedad del conocimiento* (Santiago de Chile: Editorial Andrés Bello, 1994). São trabalhos de tons mais otimistas, menos atentos, talvez, ao reverso atual dessa revolução do conhecimento para os setores mais pobres da população mundial.

[22] A teoria da dependência (na verdade, mais um estado de espírito do que uma teoria sistemática), presente nos inícios da Teologia da Libertação, no capítulo correspondente à análise da realidade socioeconômica, apesar de suas inquestionáveis contribuições nos anos 1960 e 1970, revela-se hoje uma ferramenta de curto alcance para explicar os novos fatos, as novas formas de dependência, e para abarcar a enorme complexidade do atual estado de coisas (cf. o estudo de C. Kay, *Latinoamerican theories of development of and underdevelopment* (Londres/Nova York: Routledge, 1989). Contudo, uma coisa é o *fato* da dependência, que em muitos aspectos cresceu, e outra é a *teoria* que interpretou essa realidade em um dado momento. O que caracteriza um conhecimento que busca ser rigoroso, inclusive em terrenos arenosos como o social, é estar aberto a novas hipóteses e possibilidades.

2.3. Ética e economia

A ética, e bem concretamente, a ética cristã, tem algo a dizer ao mundo da economia?

A pergunta não teria sentido no século XVI. Surpresos, os teólogos moralistas da época (Francisco de Vitoria, entre eles), que se ocuparam dos temas que o capitalismo nascente apresentava (às vezes foi chamado de capitalismo mercantil), certamente só conseguiriam dizer que a resposta é, obviamente, afirmativa. Ainda nos clássicos da economia do séc. XVIII, encontramos preocupações de ordem filosófica e ética no novo campo em que incursionam.

Contudo, pouco a pouco, a disciplina nascente tende a conformar-se ao modelo e à racionalidade das ciências naturais, e começa a reivindicar sua autonomia com relação à política. Pretende, inclusive, substituí-la, depois de tudo, no terreno econômico, que é, segundo se pensa, o lugar onde está em jogo o que é decisivo para a vida em sociedade. Se levarmos em conta a situação do mundo político a respeito desse assunto, devemos convir que assim é aos olhos da maioria dos cidadãos. A política converte-se cada vez mais em um cenário no qual acontecem coisas sem importância. Daí seu crescente desprestígio no mundo de hoje, incluindo-se a América Latina e o Caribe, certamente.

Contudo, não é só isso: a economia moderna desafia as normas morais admitidas comumente, e não somente nos círculos que podemos chamar de tradicionais. A inveja, o egoísmo, a cobiça convertem-se em motores da economia; a solidariedade, a preocupação com os pobres são vistas, em contrapartida, como travas ao crescimento econômico e são, finalmente, contraproducentes para alcançar uma situação de bem-estar da qual todos possam, um dia, beneficiar-se.

Alguns economistas perspicazes de tradição liberal estavam conscientes dessa inversão de valores, mas aceitaram-na porque viam nela algo necessário e inevitável. É o caso de J. M. Keynes, que, em um texto de 1928-1930, afirmava com apavorante clareza:

Ao lado dos pobres

> Quando a acumulação de bem-estar não tiver tanta importância social (...) poderemos livrar-nos de muitos dos princípios pseudomorais que nos molestaram durante duzentos anos (...) O amor ao dinheiro como posse (...) será reconhecido como o que realmente é: algo doentio e desagradável.[23]

Chegará o momento – pensa Keynes – em que nos será possível chamar as coisas por seu nome e dizer "que a avareza é um vício, que a prática da usura é um delito e o amor ao dinheiro, algo detestável". Contudo, com uma resignação desencantada e inquietante, afirma: "Cuidado! Não estamos ainda nesse momento. Pelo menos durante uns cem anos devemos fingir, entre nós e diante de todos os outros, que o justo é mau e o mau é justo". A razão dessa inversão de valores radica em que "o injusto é útil e o justo não é. A avareza, a usura e a precaução devem ser nossos deuses por um pouco mais de tempo. Com efeito, somente eles podem conduzir-nos fora do túnel da necessidade econômica e levar-nos à luz do dia".[24]

A citação foi um tanto longa, e nos desculpamos por isso, mas é muito reveladora das difíceis relações, para dizer o mínimo, entre ética e economia, segundo o julgamento de um dos grandes economistas de nosso tempo. Nem todos os pensadores liberais, apesar de Keynes ser reconhecido como um moderado entre eles, têm sua perspicácia e franqueza; assumem antes, sem hesitação, a atitude que deriva das exigências de uma economia marcada por um enfoque agressivamente individualista.

---

[23] O texto continua com termos muito duros: o amor ao dinheiro é "uma dessas inclinações semipatológicas que são colocadas, com tremor, nas mãos de especialistas em enfermidades mentais".

[24] Literalmente: "fair is foul and foul is fair", como no *Macbeth* de Shakespeare (nota do tradutor alemão). *Economic possibilities for our grandchildren*. In: *The collected writings, Essays in Persuasion*, v. IX, Londres, 3. ed., 1972, pp. 329, 330s e 331. Para uma crítica ética e econômica do liberalismo econômico, veja-se, entre outros trabalhos, N. Douglas Meeks, *God the economist. The Doctrine of God and Political Economy* (Minneapolis: Fortress Press, 1989), H. Assmann e F. Hinkelammert, *A idolatria do mercado. Um ensaio sobre economia e teologia* (Petrópolis: Vozes, 1989), J. de Santa Ana, *O amor e as paixões. Crítica teológica à economia política* (Aparecida: Editora Santuário, 1989) e J. Mo Sung, *Deus numa economia sem coração* (São Paulo, 1992).

Onde dormirão os pobres?

O tema não é novo, já foi tratado em muitas ocasiões. A grande quantidade de estudos atuais a respeito é uma prova da importância do tratamento profundo da economia a partir de uma perspectiva ética e teológica, e mui concretamente, a partir da opção preferencial pelo pobre. Com certeza, deve-se respeitar a autonomia própria de uma disciplina que tenta conhecer o mais estritamente possível o campo de atividade econômica. A esse respeito, no passado, houve muitos cruzamentos indevidos, e é necessário aprender dessa experiência. Contudo, isso não significa que a economia seja um setor absolutamente independente da existência, como tampouco é o núcleo ou a totalidade dela. O movimento econômico deve ser obrigatoriamente colocado e examinado no contexto da vida humana em seu conjunto à luz da fé. O critério da eficácia imediata não é definitivo.

A *Populorum progressio* mostrou, já em 1967, a necessidade de um "desenvolvimento integral" (*Populorum progressio*, n. 20-21). Recolhendo elementos tradicionais da doutrina social da Igreja e haurindo das fontes bíblicas, João Paulo II assentou firmemente a pedra angular de um enfoque cristão: a primazia do ser humano em relação às coisas, de onde deriva a prioridade do trabalho em relação ao capital (cf. *Laborem exercens*, passim; a ideia já havia sido apresentada em *Redemptor hominis*, n. 16).[25]

Como recordamos, hoje se multiplicam, e provêm de diversos lados, os trabalhos a respeito das pautas éticas necessárias para a atividade econômica e sobre a perversão religiosa que se expressa em certas justificações da economia centrada nas forças irrestritas do mercado. Reconhecem-se os valores da liberdade, da iniciativa

---

[25] Cf. o comentário de R. Antoncich, *Trabajo y libertad. Reflexiones en torno a la teología de la liberación y a la encíclica sobre el trabajo humano* [Buenos Aires: Latinoamérica libros, 1988], pp. 76-95. Já faz seis anos que um organismo das Nações Unidas (Programa de Desenvolvimento das Nações Unidas – PNUD) publicou um *Relatório sobre o desenvolvimento humano* que busca "colocar o ser humano no centro do desenvolvimento" (*Relatório* de 1995, 15). Esse é um princípio que leva a afirmar que o crescimento humano é um meio necessário para o fim, que é o desenvolvimento humano, mas que não se confunde com ele. Levar em conta outras dimensões humanas lhe permite renovar, de forma séria e bem fundamentada, o enfoque dos países desenvolvidos e dos que estão em vias de desenvolvimento, bem como a estratégia para sair do subdesenvolvimento. Cf., a propósito, as conhecidas obras do economista A. Sen.

pessoal, as possibilidades que os progressos técnicos abrem à humanidade e, inclusive, a função que pode cumprir o mercado dentro de certos parâmetros. No entanto, denuncia-se resolutamente a lógica do mercado que avassala as pessoas, povos e culturas, tanto com seu afã homogeneizador quanto através das novas fraturas sociais que ele provoca. Questiona-se igualmente a hipocrisia de um liberalismo econômico que não é propriamente avesso às ditaduras e aos totalitarismos, e que desliga facilmente a liberdade econômica de outras liberdades.[26]

Nesse terreno, uma importante tarefa para a reflexão teológica é mostrar quais "estruturas de pecado" (*Sollicitudo rei socialis*, n. 36) existem na ordem econômica atual: ou seja, quais elementos de ruptura da amizade com Deus estão presentes nas estruturas socioeconômicas que criam e conservam desigualdades injustas entre as pessoas. O pecado, não alcançável por meio de uma simples análise social, é, efetivamente, para uma reflexão cristã, a raiz de toda injustiça social. Particular atenção devem merecer os elementos idolátricos, alojados no fato, e nas justificações, do primado do lucro, bem como o caráter absoluto do mercado.

Nesse contexto, interessa-nos de modo especial a questão da exclusão dos mais pobres, irrelevantes para o sistema econômico dominante. O tópico seguinte será dedicado a este assunto.

2.4. Fadados à insignificância

O Evangelho de Lucas traz-nos uma questionadora parábola, da qual neste momento unicamente interessa recordar duas breves frases: "Havia um homem rico..."; "Um pobre... jazia à sua porta" (Lc 16,19.20).

---

[26] Importa observar que, em determinados círculos cristãos e teológicos, pode-se encontrar também uma corrente favorável à economia liberal, em particular nos Estados Unidos, que proporcionou uma ampla produção bibliográfica. Cf., por exemplo, M. Novak, *The Spirit of Democratic Capitalism* (Nova York: Simon and Schuster, 1982).

Essa é a situação da humanidade hoje. As nações pobres jazem ao lado das nações ricas, ignoradas por estas; no entanto, é preciso acrescentar que o fosso entre ambas é cada vez maior. O mesmo acontece no interior de cada país. A população mundial coloca-se de modo crescente nos dois extremos do espectro econômico e social.

Por outro lado, e de forma surpreendente, no texto lucano o pobre tem um nome: Lázaro; o rico, o poderoso, ao contrário, não tem. A situação atual é inversa: os pobres são anônimos e parecem fadados a um anonimato ainda maior, pois nascem e morrem sem se fazer notar. Peças descartáveis em uma história que se lhes escapa das mãos e os exclui.

Retomando a imagem daquela parábola evangélica do pobre Lázaro, podemos observar, ademais, que os pobres não estão agora somente junto à ponta dos países ricos. Muitos pobres lutam para entrar neles em busca de melhores ou simplesmente de outras condições de vida. A migração, nessa escala, é um assunto contemporâneo e apresenta um sem-número de problemas para as nações industrializadas, dos quais nos informam os meios de comunicação dia após dia. Há um temor e uma rejeição dos imigrantes, legais ou ilegais, que às vezes assume o viés de um racismo que tem sido criticado pela Igreja em várias ocasiões. A questão tende a agravar-se cada vez mais no futuro.

2.5. Pobreza: desafio à teologia

A Teologia da Libertação nasceu do desafio que representa para a fé a maciça e desumana pobreza existente na América Latina e no Caribe.[27] Por isso, seus primeiros esboços foram uma reflexão sobre o significado bíblico dos diferentes tipos de pobreza e uma consideração, à luz da fé, do compromisso evangelizador dos cristãos, e de toda a Igreja, com os pobres. Muitas perguntas e numerosos questionamentos podem ser feitos a desenvolvimentos posteriores dessa li-

---

[27] "Miséria desumana" (Medellín, Pobreza, n. 1), "pobreza antievangélica" (Puebla, n. 1159), "o flagelo mais devastador e humilhante que vivem a América Latina e o Caribe" (Santo Domingo, n. 179).

nha teológica e à análise social utilizada para entender a realidade da pobreza e suas causas. Contudo, por enquanto, no sentido do nosso tema, perguntemo-nos simplesmente de que maneira se apresenta, neste tempo, a interpelação da pobreza à consciência cristã.

A primeira comprovação é que o problema se agravou. O relatório do PNUD, de 1996, traz cifras preocupantes. A conclusão é que "o mundo está cada vez mais polarizado, e a distância que separa os pobres dos ricos aumenta cada vez mais".[28] Algo semelhante acontece dentro de cada país, inclusive nas nações ricas. Este e outros dados mostram que cresceu, em termos relativos e absolutos, a população que se encontra em situação de pobreza e de extrema pobreza.[29] O resultado é penoso: mantém-se e, inclusive, aprofunda-se a pobreza.[30] Em consequência, continuam vigentes em nossos dias, e com maior ímpeto e envergadura, seus desafios à nossa solidariedade e à nossa reflexão.

Uma expressão da exacerbação mencionada é a chamada exclusão econômica e social. Não é uma realidade nem uma categoria de análise totalmente novas. De algum modo, os pobres sempre foram excluídos e marginalizados (pense-se nas populações indígenas e negras

---

[28] Relatório de 1996, p. 2. Nos últimos trinta anos, a participação no rendimento dos 20% mais pobres da população mundial passou de 2,3% (já muito abaixo) para 1,4%. Em contraste, a participação dos 20% mais ricos cresceu de 70% a 85%: "Assim se duplicou a relação entre a proporção correspondente aos mais ricos e aos mais pobres de 30:1 a 60:1" (l.c.). Se a isso se acrescenta a desigualdade entre ricos e pobres no interior dos países, a margem entre os mais ricos e os mais pobres do mundo se amplia gravemente. O relatório traz, além disso, um dado impressionante: os ativos das 360 pessoas mais ricas do mundo "superam o rendimento anual de países onde vivem 45% da população mundial" (l.c.). O relatório de 1999 observa que "as maiores fortunas do mundo possuem mais do que o PIB total do grupo de países menos avançados, ou seja, 600 milhões de habitantes". Com efeito, tal relatório comprova que as desigualdades entre ricos e pobres aumentaram tanto no interior dos países quanto no plano internacional. Neste último caso, um quinto da população mundial dispõe dos "86% do PIB (Produto Interno Bruto) mundial, contra 1% dos países pobres" (PNUD 1999, p. 3).

[29] Acrescentamos que, entre as regiões pobres, a América Latina apresenta a maior desigualdade na distribuição da renda (cf. Relatório da Comissão Latino-americana e do Caribe sobre o Desenvolvimento Social (1995).

[30] Segundo uma estimativa do Banco Mundial, a relação entre a renda *per capita* dos países mais ricos e a dos mais pobres aumentou de 11, em 1870, para 38, em 1980, e para 52, em 1985 (citado por J. Iguíñiz, Conexión y desconexión entre economía y desarrollo humano. In: *El rostro de Dios en la historia* (Lima: PUCP/IBC/CEP, 1996, pp. 71-104). A respeito dessa situação, vejam-se os dados preocupantes que traz o relatório do Banco Mundial, *World Development Report 2000/2001. Attacking Poverty* (Nova York, Oxford University Press, 2000).

na América Latina e no Caribe, por exemplo). Isso, porém, não nos deve impedir que percebamos o que existe de diferente no momento atual.[31] A noção de exclusão social tem várias dimensões. No nível econômico, os novos modos de produção, devidos, em grande parte, à revolução do conhecimento, fazem com que as matérias-primas se desvalorizem, com as correspondentes consequências nos países pobres, e levam a que o acesso ao mercado de trabalho dependa da qualificação técnica do trabalhador, o que exclui, de fato, a grande maioria dos pobres de hoje.[32] A exclusão no plano político (não participação nas decisões que se tomam neste campo) e no plano cultural (discriminação por razões raciais e de gênero) reforça a exclusão econômica e se apoia nela.

Esses fatos estão ocasionando a configuração de dois setores da humanidade. Um deles, o dos excluídos, é cada vez menos relevante para o funcionamento da economia mundial e da sociedade que se afirma de forma crescente. Por isso, já faz muitos anos, falamos dos pobres como dos "insignificantes", na medida em que sua dignidade humana e sua condição de filhos e filhas de Deus não é reconhecida pela sociedade contemporânea. É um termo que nos permite recordar, além do mais, que para aquele que crê em Deus, que não faz acepção de pessoas, ninguém pode ser insignificante.

2.6. Partir dos últimos

Inspirando-se no magistério universal da Igreja, o episcopado americano apresentava, faz alguns anos, um critério para julgar determinada política econômica. Aludindo à opção pelo pobre e à

---

[31] Cf. FIGUEROA, A.; ALTAMIRANO, T.; SULMONT, D. *Desigualdad y exclusión social en el Perú* (Lima: Instituto Internacional de Estudios Laborales – OIT, 1996).

[32] Além do mais, a mecanização e a automatização do trabalho tendem a prescindir da mão de obra, inclusive no interior dos países industrializados. Daí a crise do emprego ("a chaga do desemprego" – assim a denomina a *Laborem exercens*, n. 8) em nossos dias: ela se expressa no fenômeno do crescimento econômico sem emprego, que "redunda – como diz o Relatório do PNUD (1996) – em longas horas de trabalho e rendimentos muito baixos para centenas de milhões de pessoas que realizam tarefas de baixa produtividade na agricultura e no setor paralelo não estruturado" (Relatório de 1996, n. 4).

Ao lado dos pobres

necessidade de avaliar a atividade social e econômica "a partir do ângulo dos pobres", afirmavam: "Se a sociedade vai alcançar a justiça para *todos*, é preciso reconhecer a prioridade das reivindicações dos marginalizados e daqueles cujos direitos são negados".[33] As repercussões sobre os mais fracos são um critério para decidir acerca da justiça existente em uma sociedade.[34]

É um ponto de vista capital, principalmente se se leva em conta que esses marginalizados são, muitas vezes, vítimas de um sistema econômico-social. A experiência latino-americana nos fez compreender, faz tempo, que, em última instância, a pobreza significa morte. Morte prematura e injusta. Com isso, não se pretende dizer que não seja também uma realidade de ordem econômica e social. Contudo, se nos detivermos nesses níveis, não perceberemos a radicalidade do que está em jogo no tema da pobreza: a vida e a morte das pessoas.

A pobreza, tal como a conhecemos hoje, em nosso mundo, é uma questão global, que se dirige a toda consciência humana e a uma concepção cristã da vida. João Paulo II expressou-o com grande energia em sua visita ao Canadá, tempos atrás. No caso, trata-se de um comentário a Mateus 25,31-46, que vem muito a propósito para nosso tema. "Cristo apresenta-se a nós" – diz o Papa – "como Juiz. Tem direito especial de fazer este julgamento, pois se fez um de nós, nosso irmão". Em seguida, convida a não nos determos em uma interpretação individualista da ética cristã, dado que ela "tem também uma dimensão social". Prosseguindo, colocando as palavras do Senhor em um amplo e exigente contexto histórico, afirma que Cristo "está-se referindo à dimensão universal total da injustiça e do mal. Está falando do que hoje costumamos chamar de contraste Norte-Sul. Não somente Oriente-Ocidente, mas também Norte-Sul, o Norte cada vez

---

[33]   CONFERÊNCIA DOS BISPOS CATÓLICOS DOS ESTADOS UNIDOS. *Justiça econômica para todos* (1986), n. 87. Sublinhado no texto.

[34]   Esse critério traz à memória o segundo princípio da justiça de J. Rawls (*Teoria da justiça*. 2. ed. México: FCE, 1996, p. 68), com o matiz das consequências para os pobres a que temos aludido.

mais rico e o Sul cada vez mais pobre". João Paulo II, então, tira graves e impressionantes consequências para as nações ricas:

> À luz das palavras de Cristo, este Sul pobre julgará o opulento Norte. E os povos pobres e as nações pobres – pobres de modos distintos, não somente carentes de alimento, mas também privados de liberdade e de outros direitos humanos – julgarão os que lhes *arrebatam* esses bens, arrogando-se o monopólio imperialista do predomínio econômico e político à custa dos outros.[35]

O texto é severo, mas apresenta as coisas em seu devido contexto. O quadro grandioso e definitivo da cena comentada, assim como o penetrante comentário ajudam-nos a perceber as consequências teológicas do tema da pobreza. Por importantes que sejam, suas dimensões econômicas e sociais não esgotam, já dizíamos anteriormente, seu significado para a nossa reflexão.[36]

Antes de concluir, é importante recordar que os pobres, insignificantes e excluídos, não são pessoas passivas, à espera de que alguém lhes estenda a mão. Não têm apenas carências; nelas fervilham muitas possibilidades e riquezas humanas. O pobre e marginalizado da América Latina é, muitas vezes, possuidor de uma cultura com valores próprios e eloquentes, que vem de sua raça, de sua história, de sua língua. Tem energias como as demonstradas pelas organizações de mulheres, em todo o continente, em luta pela vida de sua família e do povo pobre, com uma imaginação e força criadora impressionantes para enfrentar as crises.

Para grande parte dos pobres da América Latina, a fé cristã desempenhou um papel decisivo nessa atitude; foi fonte de inspiração e razão poderosa para negar-se a perder a esperança no futuro. Alento para um povo que proclama, como o fez um habitante de Lima

---

[35] Homilia na missa celebrada no aeroporto de Namao (Canadá), no dia 17 de setembro de 1984, n. 3-4 (a ênfase é nossa). Alguns anos antes, em sua encíclica *Redemptor hominis*, havia escrito a propósito do mesmo texto mateano: "Essa cena escatológica deve ser *aplicada* sempre à história do homem, deve ser sempre 'medida' dos atos humanos" (n. 16).

[36] Nessa linha situa-se o apelo que vem dos textos sobre os rostos dos pobres que encontramos em Puebla (n. 31-39) e Santo Domingo (n. 178-179).

(1985), diante de João Paulo II: "Temos fome de pão, e temos fome de Deus", distinguindo, sem separar duas necessidades humanas radicais. Saudação a que o papa respondeu com simplicidade e vigor: "Que a fome de Deus permaneça e a fome de pão desapareça".

2.7. Debilitação do pensamento

A etapa histórica em que estamos entrando é complexa. Aos aspectos econômicos e políticos se somam outros de caráter cultural que modelam igualmente a mentalidade contemporânea. Referimo-nos ao que alguns chamam de pós-modernidade ou pensamento pós-moderno. Estamos conscientes da ambiguidade do conceito e, principalmente, de sua denominação, mas indubitavelmente corresponde a uma vertente da realidade.

Não se trata, convém dizê-lo, para começar, de um assunto confinado a minorias intelectuais, mesmo que, nestes círculos, essa perspectiva adquira maior presença. Tampouco se deve pensar que se limita à Europa e à América do Norte, posto que – uma vez mais – seja ali onde se escreve e se discute mais sobre o assunto. Os meios de comunicação, a arte, a literatura e também certas teologias transmitem algumas de suas teses para além dos ambientes intelectuais dos países do ainda chamado terceiro mundo, enquanto condicionam, ao mesmo tempo, muitas atitudes. Vários de seus traços reforçam aspectos do esquecimento dos insignificantes deste mundo, os quais havíamos recordado nas páginas anteriores a propósito do neoliberalismo. Outros, é verdade, podem abrir novas perspectivas no tema que nos ocupa.

Por conseguinte, não é ocioso, diante dessa questão, colocar-nos a pergunta que nos serve de fio condutor nestas páginas: onde dormirão os pobres no mundo pós-moderno (ou como queiram chamá-lo)? Tentar responder a esta pergunta nos ajudará a delinear melhor as pistas a serem seguidas a partir do ponto de vista do testemunho cristão.

Onde dormirão os pobres?

2.8. Crise da modernidade

Não entraremos no debate acerca de se realmente estamos em uma época histórica a que podemos chamar de pós-modernidade, ou se se trata de uma etapa da modernidade, mais exatamente de uma visão dela. O assunto foi muito discutido e existe uma grande variedade de opiniões a respeito. Contudo, como o dizíamos anteriormente, o certo é que há aspectos da realidade que são acentuados por essas perspectivas e que merecem certa consideração. Há ambivalências e confusões difíceis de se desfazerem; isso não obstante, há também perfis que esboçam um momento particular do pensamento e da conduta humana cotidiana que, por comodidade, chamaremos pós-modernos.

Estamos diante de uma reação contra alguns dos grandes temas da modernidade. Concretamente, contra o que os representantes desse pensamento chamam os "grandes relatos" (ou "metarrelatos") próprios da modernidade.[37] J. F. Lyotard enuncia-os assim: "Emancipação progressiva da razão e da liberdade, emancipação progressiva ou catastrófica do trabalho (fonte de valor alienado no capitalismo), enriquecimento de toda a humanidade através do progresso da tecnociência capitalista". O autor acrescenta, e isso é importante para nós: "E, inclusive, quando se insere o cristianismo dentro da modernidade (oposto, portanto, ao classicismo antigo): a salvação das criaturas por meio da conversão das almas mediante o relato místico do amor mártir".[38]

A rejeição frontal é "à filosofia de Hegel [que] totaliza todos esses relatos e, nesse sentido, concentra em si mesma a modernidade especulativa".[39] Para esse autor, uma filosofia da história está sempre implicada na legitimação de um saber por meio de um metarrelato.[40]

---

[37] "Simplificando ao extremo, considera-se 'pós-moderna' a incredulidade em relação aos metarrelatos" (J. F. Lyotard, *La condition postmoderne* (Paris: Éditions de Minuit, 1989), p. 7.

[38] *La postmodernidad explicada a los niños* (Barcelona: Gedisa, 1987), p. 29.

[39] Ibid.

[40] *La condition...* 7. Nesse sentido, o marxismo deve ser considerado um desses metarrelatos.

Ao lado dos pobres

O que é censurado é a vontade de poder que os grandes relatos da modernidade representam. Ainda mais: os pós-modernos veem nessa atitude uma violência que tolhe a liberdade dos indivíduos e que, por isso, deve ser recusada.

Aludindo à célebre análise de Weber sobre a modernidade como desencantamento do mundo (ou sua dessacralização), produzido pela nova racionalidade, falou-se da pós-modernidade como "o desencanto do desencanto". Com efeito, há uma frustração em relação à modernidade: esta não havia cumprido suas promessas. Em vez de paz social, de comportamentos racionais e transparentes, e de felicidade pessoal, temos tido guerras devastadoras, instabilidade política e violências terríveis. O caso de Auschwitz é citado como um exemplo paradigmático de desumanidade contra a qual reage a pós-modernidade. Muitos dos avanços da ciência e da técnica converteram-se em instrumentos de destruição.

Por conseguinte, toda concepção unitária da história fica fora do caminho prescrito.[41] Não há sentido em organizar os acontecimentos do mundo humano sob a ideia de uma história universal da humanidade. Uma história cujo desenvolvimento é, de certa maneira, conhecido de antemão. Temos apenas pequenos relatos, histórias individuais e locais. Não há fundamentos metafísicos para o devir histórico. Estamos diante do que se chamou uma fragmentação do saber humano.

No mesmo movimento de fundo, mas com algumas divergências com Lyotard, G. Vattimo pensa que "se trata de pesar e de medir o que traz consigo a dissolução do pensamento fundacional, ou seja, da metafísica".[42] Inspirando-se em Nietzsche e Heidegger, postula o que qualifica como "pensamento fraco" e especifica que este "não é um

---

[41] "A modernidade" – diz G. Vattimo – "deixa de existir quando, por múltiplas razões, desaparece a possibilidade de continuar falando da história como de uma entidade unitária". Posmodernidad ¿una sociedad transparente? In: *En torno a la posmodernidad* (Barcelona: Anthropos, 1990), p. 10.

[42] Posmodernidad y fin de la historia. In: *Etica de la interpretación* (Barcelona: Paidós ibérico, 1991), p. 28. A metafísica está ligada à violência que mencionamos antes. "As raízes da violência metafísica estão, em última instância, na relação autoritária que estabelece entre o fundamento e o fundado" (VATTIMO, G. Ontologia dell'attualità. In: *Filosofia '87*. Roma/Bari: Laterza, 1988), p. 201.

136

pensamento da debilidade, mas da debilitação: o reconhecimento de uma linha de dissolução na história da ontologia".[43]

Uma consequência dessas premissas é que cabem muitas posturas e opiniões dentro da pós-modernidade. Nela existe um enorme pluralismo que levou a dizer que "tudo é válido" nesse pensamento.[44] Reagindo contra posições que se consideram dogmáticas e totalitárias, chega-se a um relativismo cultural, tingido de certo ceticismo, diante das possibilidades de conhecimento do ser humano. Trata-se de um ceticismo que repercute tanto no plano da ética[45] quanto na política.[46]

Sem dúvida, a crítica pós-moderna faz ressaltar as debilidades e, inclusive, as contradições da modernidade. Deve-se lembrar, no entanto, que o pensamento moderno sempre cultivou a autocrítica, mas através de um de seus representantes (F. Hegel, é, de certo modo, um deles) expressou sua insatisfação perante os resultados do iluminismo. Contudo, agora a crítica é muito mais radical, além de ter ultrapassado os círculos intelectuais. Como atitude diante da vida, alcança diversos setores sociais, alguns dos quais desempenham um papel muito ativo tanto no âmbito cultural quanto no da comunicação na sociedade contemporânea.[47]

---

[43] Citado em: OÑATE, T. Introducción. In: VATTIMO, G. *La sociedad transparente* (Barcelona: Paidos, 1990), p. 38. Deste último autor, tiramos o título deste parágrafo.

[44] Cf. HELLER, Agnes. Los movimientos culturales. In: VIVIESCAS, F.; GIRALDO, F. (ed.) *Colombia: el despertar de la modernidad* (Bogotá: Foro nacional de Colombia, 1991).

[45] "A única visão global da realidade que nos pode parecer verossímil" – diz Vattimo – "é uma visão que assuma bem profundamente a experiência da fragmentação (...). Só poderemos reconstruir uma ética partindo da consciência de que não é possível uma ética de princípios senão depois que ela se realiza como aplicação de um princípio universal. Nossa ética é a dissolução da universalidade" (entrevista à *Revista de Occidente*, n. 104, p. 127, jan. 1990).

[46] O pensamento débil é "um esforço por encontrar uma possibilidade de emancipação que não esteja ligada às rigidezes da tradição revolucionária, da política dialética". Uma possibilidade de "transformação social a partir do interior do capitalismo tardo-moderno, de acordo com a ideia desses movimentos de libertação no interior da sociedade capitalista que não implicam, como condição de realização, a tomada do poder no sentido clássico leninista" (VATTIMO, id., pp. 123 e 126). Essa é uma das razões por que J. Habermas acusa o pensamento pós-moderno de ser um movimento neoconservador em política. O filósofo alemão pensa que a modernidade é, antes de mais nada, um "projeto inacabado".

[47] Cf. J. M. *Mardones, Postmodernidad y cristianismo* (Santander: Sal Terrae, 1988) e S. Lash, *Sociology of Postmodernism* (Londres-NY: Routledge, 1990).

2.9. A fragmentação do saber humano

Sem dúvida, existe algo de saudável na reação contra visões totalizadoras da história, que fazem parte dos grandes relatos. Esses enfoques envolvem um autoritarismo que foi bem percebido pelos pós-modernos. Os pobres viram-se, muitas vezes, manipulados por projetos que se pretendem globais, sem consideração pelas pessoas e por sua vida cotidiana, e que, devido à sua tensa orientação ao futuro, esquecem-se do presente. No entanto, o pensamento pós-moderno não se limita a isso: solapa também todo sentido da história, e isso repercute sobre o significado a ser conferido a cada existência humana. Além disso, identifica a filosofia da história de Hegel com a concepção judeu-cristã da história e as engloba em sua rejeição.[48]

É justo reconhecer que a crítica pós-moderna nos ajuda a não cairmos nos esquemas rígidos e enrijecidos para interpretar o curso da história, algo que, às vezes, aconteceu no interior do mundo teológico. Dito isso, porém, é necessário recordar que em uma perspectiva cristã a história tem seu centro na vinda do Filho, na Encarnação, sem que isso queira significar que a história humana avança ineludivelmente seguindo sulcos traçados e dominados por um férreo pensamento regente. Jesus Cristo, como centro da história, é igualmente o Caminho (cf. Jo 14,6) para o Pai, movimento que dá sentido à existência humana a que todos estamos chamados. Essa vocação confere plena densidade ao presente, ao hoje, como o lembrávamos nas páginas introdutórias deste trabalho.

O saber pós-moderno recusa os grandes relatos e valoriza os pequenos. Ajuda-nos, desse modo, a estarmos mais atentos e sensíveis ao que é local e ao que é diferente (um de seus temas).[49] Em um mundo que – não sem contradição com outras de suas características – presta cada vez mais atenção à diversidade cultural e às minorias,

---

[48] É oportuno observar, perante esse texto, que embora a influência do cristianismo sobre o pensamento hegeliano seja incontroversa, isso não desemboca em uma identidade entre ambos.

[49] Cf. VATTIMO, G. *Le aventure della differenza* (Milão: Garzanti, 1980).

isso traz consequências importantes. No contexto da América Latina e do Caribe, onde as etnias indígenas, a população negra e a mulher buscam afirmar seus valores e reivindicar seus direitos, essa característica da pós-modernidade pode mostrar-se particularmente fecunda e ser um corretivo a certo capitalismo ocidental.

Contudo, não podemos esquivar-nos ao fato de que essa sensibilidade está ligada a uma exacerbação do individualismo já presente na modernidade. A negação do sentido da história aumenta o individualismo e reforça o narcisismo da sociedade atual.[50] Falou-se, inclusive, a respeito de uma segunda revolução individualista.[51] Dever-se-ia atentar para que a crítica ao projeto da modernidade não oculte a vontade de refugiar-se no individualismo e na indiferença em relação aos demais, o que ocasiona uma sociedade fechada em si mesma.[52] Essa é uma clara diferença em relação ao questionamento que desde muito tempo atrás a Teologia da Libertação fez ao pensamento moderno.

Por outro lado, contrariamente ao que a mentalidade moderna pensava, a religião não somente não se esgotou nem se reduziu ao âmbito privado, mas apresenta uma nova vitalidade. A forma de pensar pós-moderna pode contribuir para respeitar o mistério e para dar, assim, um subsídio ao que alguns consideram o surgimento de uma nova época religiosa.[53] Os exemplos são múltiplos no mundo de hoje. Devemos observar, no entanto, que se trata, muitas vezes, de

---

[50] Cf. LASH, C. *The Culture of Narcissism. American Life in an Age of Diminishing expectations* (Nova York-London: Norton, 1991).

[51] Cf. JIMÉNEZ, A. A vueltas con la postmodernidad. *Proyección*, n. 155 (out.-dez. 1989), p. 304. O autor remete a G. Lipovetsky.

[52] H. Peukert observa que a hermenêutica da diferença, de que falam os pós-modernos, corre o perigo de "pensar unicamente o diferente do próprio pensamento, em vez de perceber o pensamento diferente dos outros" (Crítica filosófica de la modernidad. *Concilium* 244, 1992, p. 46).

[53] "Tanto a modernidade, com seus valores e contravalores, quanto a pós-modernidade como espaço aberto à transcendência apresentam sérios desafios à evangelização da cultura" (Conferência Episcopal de Santo Domingo, 252). Cf., também, as reflexões, bem mais críticas, apresentadas em: DERRIDA, J.; Vattimo, G. *La religion*. Madrid: PPC, 1996. Ao que seria necessário acrescentar as novas considerações sobre o tema apresentadas por G. Vattimo, em: *Credere di Credere* (Itália, Garzanti, 1996).

uma religiosidade difusa e confusa, portadora de uma crença genérica sobre Deus, ou a respeito de uma vaga divindade, desconfiada de convicções firmes e refratária às exigências de compromisso que eles possam acarretar. Contudo, é um fato do momento presente, e será necessário levá-lo em conta a partir do ângulo da fé.

Os pontos recordados, e certamente outros mais, convergem para uma atitude desinteressada diante das possibilidades de mudar situações que, à luz da ética, são consideradas injustas e desumanas. A frustração provocada por projetos inacabados teve como consequência um descaso pela sorte que cabe aos mais fracos da sociedade. Vivemos uma época de um espírito pouco militante e comprometido. Em um marco neoliberal e pós-moderno, enraizados em um individualismo agressivo, a solidariedade revela-se inoperante e algo assim como um resquício do passado.

Se a isso se acrescenta o ceticismo que faz pensar que todas as opiniões têm o mesmo valor e que cada um tem – como se diz com frequência hoje – sua verdade, tudo vale. A reação contra as visões englobantes – em que pese o que existe também de sadio – leva a apagar do horizonte toda utopia ou projeto de algo diferente do que existe atualmente. Nem é preciso enfatizar que as primeiras vítimas dessas atitudes são os pobres e marginalizados, para os quais parece haver muito pouco lugar no mundo que se está forjando. É sempre fácil criticar as utopias a partir de um *topos* (lugar; utopia – literalmente: "não lugar"; nota do tradutor alemão) invariável e no qual se está satisfeito.

Entretanto, já assinalamos, estar vigilante diante desses avanços do momento atual e saber discernir nele não devem fazer esquecer os valores que se encontram igualmente nessa mentalidade. Nessa situação complexa e, às vezes, contraditória, é necessário dar testemunho do Reino de Deus, da solidariedade com os pobres e da libertação dos que veem violados seus direitos mais elementares. A reflexão sobre a fé, a teologia, é chamada a ser uma hermenêutica da esperança em nosso tempo. Esperança no Deus da vida, que é uma das linhas de força da reflexão que temos levado adiante nestes anos.

3. Anunciar o Reino

As observações feitas até o momento situam alguns pontos que devem ser aprofundados teologicamente no tempo vindouro. Podemos apresentá-los de maneira concisa. Não podem ser pontos absolutamente novos, pois pertencem à mensagem cristã, que os crentes conhecem e nela se reconhecem como seguidores de Jesus e como Igreja. A novidade está na forma de tratá-los, nos desafios a que se busca responder, nas facetas inéditas que verdades conhecidas desvelarão, nos caminhos para expressá-las.

Isso vale também para o anúncio do Evangelho, no qual a reflexão teológica se situa e do qual se nutre. Nesse sentido, falou-se de nova evangelização.[54] João Paulo II apresenta-a deste modo: "Nova em seu ardor, em seus métodos, em sua expressão".[55] O papa retomou energicamente esse enfoque em diversas ocasiões, e a Conferência de Santo Domingo fez dele um de seus grandes temas.

A perspectiva da nova evangelização reaparece como "tema de fundo" na preparação para o terceiro milênio (cf. *Tertio millennio adveniente*, n. 21). No que diz respeito à nova evangelização, é preciso aprofundar-se na "visão conciliar" (*Tertio millennio adveniente*, n. 18ss), afinal de contas, a preparação para o jubileu do terceiro milênio começou com o concílio. Disse o papa significativamente: "Trata-se, realmente, de um concílio semelhante aos anteriores, e todavia tão diverso; *um concílio concentrado sobre o mistério de Cristo e da sua Igreja e simultaneamente aberto ao mundo*" (*Tertio millennio adveniente*, n. 18). Trata-se, pois "simultaneamente" de dois aspectos. O conteúdo salvífico do mistério de Cristo e de sua Igreja deve ser comunicado, em atitude de abertura ao mundo. Nessa moldura tentaremos fazer algumas considerações acerca de determinadas pistas, com vistas a essa comunicação e à reflexão teológica que ela implica.

---

[54] A expressão encontra-se no documento preparatório de Medellín e na "mensagem" dessa conferência.

[55] Alocução durante a XIX Conferência Episcopal Latino-Americana (CELAM), no Haiti, em 9 de março de 1973.

3.1. Libertados para a liberdade

Antes de mais nada, é oportuno fazer algumas breves observações sobre as relações entre libertação e liberdade, questão essencial na Teologia da Libertação.[56]

3.2. Entre a liberdade de e a liberdade para

O ponto de partida está em um importante texto de Paulo, na carta aos Gálatas, centrada no tema da liberdade do cristão. "É para sermos livres [literalmente: para a liberdade] que Cristo nos libertou", diz Paulo (Gl 5,1). Libertação do pecado na medida em que este significa um dobrar-se egoísta sobre si mesmo: pecar é negar-se a amar a Deus e aos outros. No entanto, para Paulo, trata-se também de uma libertação da Lei e das forças da morte (cf. Rm 8,2). O pecado, ruptura da amizade com Deus e com os outros, é, na Bíblia, a causa última da injustiça e da opressão entre os seres humanos, e o é igualmente de toda a ausência de liberdade pessoal.[57] Causa última, porque, certamente, há outras causas que se situam no nível das estruturas econômicas e sociais, assim como no das dimensões pessoais. Não basta, pois, uma transformação, por mais radical que possa ser, dessas estruturas e aspectos. Somente o amor gratuito e salvífico de Cristo pode ir até a raiz de nós mesmos e fazer brotar, a partir dali, um verdadeiro amor.

Contudo, Paulo não se limita a dizer que Cristo nos libertou; afirma igualmente que o fez para que fôssemos livres. Segundo uma clássica distinção, é preciso considerar uma liberdade *de* e uma liberdade *para*. A primeira aponta para o pecado, o egoísmo, a opressão, a injustiça, a necessidade – todas elas condições que exigem uma

---

[56] Para essas linhas, inspiramo-nos no que foi dito em: Gutiérrez, G. *Teología de la liberación* (Lima: CEP, 1971 e 1988, 2. ed.), pp. 57-58 e 112-113, respectivamente; *Beber en su propio pozo* (Lima: CEP, 1986), pp. 140-141.

[57] Por isso, falamos de três dimensões da libertação integral que nem se confundem nem se justapõem: libertação social, libertação pessoal e libertação soteriológica: libertação do pecado e entrada em comunhão com Deus e com os outros.

libertação. A segunda indica o para quê dessa liberdade: o amor, a comunhão – é a etapa final da libertação. A "liberdade para" confere à "liberdade de" seu sentido profundo. Se apelarmos ao que se diz na mesma carta aos Gálatas, em 5,13, poderíamos dizer que a expressão *livres para amar* sintetiza a posição paulina. Sem uma reflexão sobre a liberdade, uma Teologia da Libertação fica mutilada.

A liberdade é um elemento central da mensagem cristã. A ênfase na libertação não deve levar a esquecer isso. É importante estabelecer uma fecunda relação entre libertação e liberdade. O assunto faz-se ainda mais urgente perante alguns questionamentos do tempo presente. Eles nos levam também a sublinhar os alcances de outro aspecto capital da fé, estreitamente ligado ao tema da liberdade. Referimo-nos ao vínculo que a Escritura institui entre verdade e liberdade. "A verdade vos libertará", diz um célebre texto do Evangelho de João (8,32). Essa verdade é o próprio Cristo, que nos liberta e nos chama à liberdade (cf. Gl 5,13). Todos os seres humanos têm direito a que essa verdade lhes seja comunicada, anúncio que não só deve respeitar a liberdade, mas, inclusive, deve constituir-se dela como tal. Liberdade que, por outro lado, não pode ficar encerrada em um âmbito individual e recluso. Ela alcança seu verdadeiro sentido quando prepara as pessoas para entrarem em relação com Deus e a estarem a serviço de outros, com um relevo especial nos mais pobres e despossuídos.[58]

A tarefa evangelizadora da Igreja deve fazer com que as pessoas sejam efetivamente livres. Livres para amar. Em consonância com essa finalidade, a reflexão teológica deve ser crítica de um pensamento que renuncia à busca da verdade e há de transitar pelos caminhos que permitam aprofundar o dom da verdade que nos faz livres.

3.3. Seu Reino e sua justiça

No coração do Sermão da Montanha, encontra-se um versículo que, de certo modo, o resume: "Buscai, em primeiro lugar, o Reino

---

[58] A encíclica *Veritatis splendor,* de João Paulo II, é dedicada a esses temas.

Ao lado dos pobres

de Deus e a sua justiça, e todas essas coisas vos serão acrescentadas" (Mt 6,33). O sujeito do pronome possessivo da primeira frase está no versículo anterior: é o "Pai celeste".

Essa busca confere sua razão de ser à vida cristã. Assim, de um modo preciso e com alcances que é preciso levar em conta, Mateus apresenta-nos a "marca" de toda a Bíblia: tudo vem de Deus. Deus é o santo, o totalmente Outro, aquele cujos "desígnios são insondáveis e impenetráveis seus caminhos (...) porque tudo é dele, por ele e para ele" (Rm 11,33.35). Fonte de vida e de amor (Ex 3,14; 1Jo 4,16). Um Deus distante e próximo, ao mesmo tempo, que nos chama à amizade com ele, fundamento da amizade que deve existir entre os seres humanos. O Deus santo é também o Deus encarnado; acolher seu amor em nossas vidas deve traduzir-se em gestos de vida para com os outros.

No "face a face com Deus" (1Cor 13,12), a existência humana atinge sua plenitude. É a esperança e a experiência dos místicos, a união com Deus de que falam com frequência. "Viram-te meus olhos", proclama Jó (42,5), quando compreende que o amor gratuito de Deus, sem limites nem restrições, é o fundamento do mundo, e não sua estreita concepção de uma justiça do "toma-lá-dá-cá". Chegado ao final do caminho, diz poeticamente João da Cruz, "quedei-me, rosto reclinado sobre o Amado; cessou tudo e deixei-me, largando meu cuidado, por entre as açucenas olvidado".[59] De forma muito bonita, também o expressa Luis Espinal, sacerdote assassinado na Bolívia, devido a seu compromisso com os pobres: "Senhor da noite e do vazio, gostaríamos de saber descansar em teu regaço, imperceptivelmente, confiadamente, com a segurança das crianças".[60] A vivência mística sempre encontrou na poesia a linguagem mais apropriada para expressar o mistério do amor.

---

[59] Subida do Monte Carmelo. In: CRUZ, São João da. *Obras Completas*. 7. ed. Petrópolis: Vozes, 2002.

[60] *Oraciones a quemarropa* (Lima: CEP, 1982), p. 2.

Nada mais contrário à busca de Deus, de seu Reino e de sua justiça do que o serviço (no sentido forte do termo: o culto) a um ídolo fabricado por mãos humanas. A idolatria, segundo a Bíblia, é entregar sua vida e colocar sua confiança em algo ou em alguém que não é Deus. Trata-se de um risco permanente para o cristão. Conforme já o recordamos, hoje, no contexto neoliberal, o mercado, o lucro são objeto de um culto idolátrico. Por essa razão, João Paulo II fala da "idolatria do mercado" (*Centesimus annus*, n. 40). É a forma contemporânea do culto a Mammon. À idolatria do dinheiro se une a do poder que passa por cima de todo direito humano. A esses ídolos se oferecem vítimas; por isso é que os profetas bíblicos ligam sempre a idolatria ao assassinato. Os excluídos da ordem econômica internacional atual são contados entre essas vítimas.

Todavia, é preciso ir mais longe ainda, mesmo que isso se torne incômodo para alguns.[61] Os aspectos idolátricos do culto ao dinheiro e da vontade de poder são, infelizmente, claros e compactos em nossos dias, e repugnam a uma consciência humana e cristã. A atitude idolátrica pode, no entanto, entrar também pela porta dos fundos de nosso compromisso com a libertação do pobre, por mais inspirado que esse seja e por mais motivado pela fé cristã que se possa apresentar. Afirmar isso pode parecer estranho à primeira vista, mas é necessário ver as coisas sem melindres nem evasões.

É possível, por exemplo, fazer da justiça algo muito próximo de um ídolo, se a convertermos em um absoluto e se não soubermos colocá-la num contexto que lhe permita revelar todo o seu sentido: o do amor gratuito. Se não existe amizade cotidiana com o pobre e uma valorização da diversidade de seus desejos e necessidades como ser humano, podemos – parece cruel dizê-lo, mas a experiência o ensina – transformar a busca da justiça em um pretexto, e até em uma

---

[61] Nas linhas que se seguem, retomamos alguns pontos apresentados em nosso artigo "Releitura de São João da Cruz a partir da América Latina", em *Actas del Congreso Internacional San Juanista*, v. 3 (Junta de Castilla y Léon, 1993), pp. 325-335, e G. Gutiérrez, *Densidad del presente* (Lima: 1996).

justificativa para maltratar os pobres, pretendendo conhecer melhor o que eles querem e do que necessitam.

Podemos igualmente fazer do pobre uma espécie de ídolo. Isso acontece quando o idealizamos, considerando-o sempre bom, generoso, profundamente religioso, pensando que tudo o que vem dele é verdadeiro e, de certo modo, sagrado. Essas qualidades do pobre converter-se-iam no motivo principal da solidariedade com ele. Desse modo, esquece-se de que os pobres são seres humanos atravessados pela graça e pelo pecado, como diria Santo Agostinho. Que neles existam grandes doses de generosidade e de entrega é algo que não se pode pôr em dúvida, mas daí a dizer que assim o é em todos os casos é desconhecer a complexidade e a ambiguidade das pessoas. A idealização do pobre – feita por aqueles que não o são e, às vezes, até mesmo, embora raramente, pelos próprios pobres – não conduz à libertação. Ademais e, principalmente, é necessário recordar que, para um cristão, a razão última do compromisso com os pobres não reside em suas qualidades morais ou religiosas – posto que elas existam –, mas na bondade de Deus, que deve inspirar nossa própria conduta.

Por outro lado, e de forma ainda mais sutil, nossa própria teologia, inclusive a Teologia da Libertação, evidentemente, que tentamos elaborar na América Latina a partir dos sofrimentos e das esperanças dos pobres, pode igualmente se tornar uma espécie de ídolo. Isso se dá quando, na prática, ela passa a ser mais importante do que a fé que a ilumina e também mais do que a realidade que ela procura expressar. É o risco que implica um trabalho intelectual a que nos aferramos mais do que o devido. Os que assinam os textos teológicos não devem esquecer-se de que as verdadeiras testemunhas da Igreja latino-americana, a qual quer manifestar sua fé no Deus da Bíblia através de sua solidariedade com os pobres, não são eles. Não necessariamente, para ser mais exatos. São, antes, os que vivem muitas vezes anonimamente, e com o risco de suas próprias vidas, o compromisso pastoral e social no cotidiano de suas existências. Anônimos para os meios de comunicação e para o grande público, não, porém, para Deus.

Por tudo isso, testemunhos como os de João da Cruz e tantos outros da tradição mística da Igreja são tão importantes para nossa reflexão teológica. Com o bisturi de sua experiência e de sua poesia, eles nos ajudam a eliminar tudo aquilo que, de algum modo, está infectado de idolatria e de ensimesmamentos, que nos fazem colocar o que "vos será dado em acréscimo" no primeiro lugar em nossa busca, o que nos impede de ver e sentir que somente Deus é Deus.

Em toda circunstância, é fundamental, para os cristão, levar em conta o primado de Deus em suas vidas. A espiritualidade, o seguimento de Jesus é, por isso, não somente uma preocupação relevante na teologia, mas seu verdadeiro fundamento. Isso se faz premente, de certo modo, quando esses cristãos se acham imersos no que os papas chamam "a nobre luta pela justiça". Trata-se da justiça de Deus, em sua dupla vertente bíblica de justiça entre os seres humanos e de santidade. Ela está intimamente ligada a seu Reino de vida e de amor, segundo o texto mateano que citávamos páginas atrás.

Por essa razão, e pelas enunciadas há pouco, o tema da espiritualidade foi, desde o começo, central na Teologia da Libertação, em boa parte dela, pelo menos. Essa é uma reflexão acerca da fé que se coloca na tensão entre mística e compromisso histórico. Lembramos, antes, que a opção preferencial pelo pobre, à qual a referida teologia está vinculada, é uma opção teocêntrica. Autêntica decisão pelos pobres reais do mundo de hoje, ela tem seus fundamentos da gratuidade do amor de Deus, razão última da preferência. O fundamento místico é essencial para a proclamação do Reino de Deus e de suas exigências de justiça.[62]

---

[62] Por essas razões, aqueles que pensam – e escrevem – que a Teologia da Libertação entrou, nesses anos, no terreno da espiritualidade e da mística, devido aos debates suscitados por suas posições, desconhecem as fontes e o percurso dessa reflexão sobre a fé. Esquecem-se também de que a espiritualidade cristã não se move em um âmbito etéreo, mas que fala sempre – deve sempre falar – da relação com o cotidiano e com a solidariedade com os outros, especialmente os mais fracos da sociedade. As experiências espirituais que acontecem na América Latina – e que chegam até a doação da vida – caminham nessa direção.

Essa linha de aprofundamento espiritual é uma das grandes tarefas da evangelização em nossos dias e também da reflexão teológica. Nisso está em jogo o que deve ser a coluna vertebral da existência cristã: o sentido de Deus, a presença de seu amor em nossas vidas. Não se trata de compensar o compromisso na história apelando a dimensões espirituais, mas de aprofundá-lo e de dar-lhe todo o seu significado e radicalidade. Para esse fim, é importante – e necessário recuperar, se for o caso – o exercício da teologia como sabedoria. Como um saborear, um saber gostoso da Palavra de Deus; um saber com sabor orientado a enriquecer a vida cotidiana do crente e de toda a comunidade cristã. Isso nos permite, ademais, valorizando o papel que desempenha a razão na reflexão teológica, abrir-nos a outras formas de conhecimento das verdades cristãs. A linguagem simbólica, por exemplo, é particularmente fecunda a esse respeito.

3.4. A questão do outro

Na opinião de Carlos Fuentes, o maior problema do século XXI é o problema do outro. Essa é uma antiga inquietude no âmbito da Teologia da Libertação, que vê no pobre o "outro" de uma sociedade cada vez mais satisfeita consigo mesma. No entanto, é inegável que vivemos um momento de encurtamento das distâncias no planeta (a aldeia global) e, ao mesmo tempo, de uma crescente consciência da diversidade dos povos, culturas, gêneros, etnias, religiões. Não são movimentos contraditórios, como se poderia pensar. Pode dizer-se, inclusive, que, de certo modo, se reforçam mutuamente, mesmo que às vezes se enfrentem abertamente e se produzam perigosos redemoinhos.

3.5. Identidade e diálogo

Na América Latina, os velhos povos indígenas fizeram ouvir sua voz de protesto contra as tribulações que sofreram ao longo dos séculos. Contudo, levantaram-na também para enriquecer a outros com a abundância de suas culturas, o amor pela terra, fonte de vida, a experiência de seu respeito pelo mundo natural e seu sentido comunitário, a profundidade de seus valores religiosos e o valor de sua reflexão teológica.[63] Com os matizes próprios de cada caso, algo semelhante acontece com a população negra de nosso continente,[64] e com a nova presença da mulher, especialmente a que pertence aos setores marginalizados e oprimidos.[65] Isso levou a um fecundo diálogo entre diferentes pontos de vista teológico.[66]

É importante fazer diferenciações no seio desses grupos humanos, pois eles não são conjuntos uniformes. É igualmente necessário levar em conta a importância ascendente dos valores do povo, a qual resulta dos cruzamentos, seculares e recentes, que se dão nesse continente de "todos os sangues", como dizia José María Arguedas, falando do Peru. Não temos em mente apenas o aspecto racial, mas também o cultural, e a cultura está em permanente elaboração. De fato, ela não pertence ao passado; é continua criação, em fidelidade e ruptura com relação a uma tradição. Daí sua capacidade de resistência diante das posturas e ideais dissolventes de sua identidade. O passado e o presente do povo – dos povos – de nosso continente estão cheios de exemplos disso.

Por outro lado, já observamos, o estado de ânimo pós-moderno, que chega em ondas e com suas ambiguidades, em diversos estamentos sociais, é tendente a apreciar o local e o diferente. Não podemos

---

[63] Cf. o resultado de dois encontros, publicado em: *Teología India I* (México) (México-Quito: Cenami – Abya-Yala, 1991) e *Teología India II* (Panamá) (Quito, Abya-Yala, 1994). Neste último livro, cf. E. López, Tendencias de la teología india hoy, pp. 5-26.

[64] Cf. a obra coletiva *Cultura negra y Teología* (San José /Costa Rica), DEI, 1986) e Antônio Aparecido da Silva, Jesus Cristo luz e libertador do povo afro-americano. Ensaio de cristologia experiencial. *Revista Eclesiástica Brasileira*, pp. 636-663 (set. 1996).

[65] Cf. três obras coletivas: *El rostro femenino de la teología* (San José/Costa Rica, DEI, 1986), María Pilar Aquino (org.), *Aportes para una teología desde la mujer* (Madrid: Biblia y Fe, 1988) e Elsa Tamez (org.), *Las mujeres toman la palabra* (San José/Costa rica, DEI, 1989). Veja-se, também: MARÍA ISASI-DIAZ, Ada; TARANGO, Yolanda. *Hispanic Women. Prophetic Voice in the Church* (San Francisco, Harper & Row, 1988); SUEIRO, Adelaida. La mujer, un rostro del pobre en el Perú. *Páginas* 134 (ago. 1995), pp. 60-76; PATARO BUCKER, Barbara. *O feminino da Igreja e o conflito* (Petrópolis: Vozes, 1995).

[66] Cf. GUTIÉRREZ, G. Reflections from a latinoamerican perspective: finding our way to talk about God. In: FABELLA, V.; TORRES, S. *Irruption of the Third* World (NY: Orbis, 1983), pp. 222-234 (reproduzido neste volume); IRARRÁZAVAL, D. Nuevas rutas de la teología latinoamericana. *Revista latinoamericana de teología* 38, pp. 183197 (maio-agosto 1996).

esquecer, no entanto, que isso se faz a partir de um acentuado ceticismo que relativiza toda possibilidade de uma apreensão de verdades universais.

Anunciar o Evangelho é encetar um diálogo salvífico. Supõe o respeito pelo outro e por suas particularidades.[67] Não procura impor-se, mas servir e persuadir.[68] A isso deve apontar o que chamamos hoje de inculturação da fé e que, sem dúvida, corresponde a uma antiga experiência da Igreja. Trata-se de um nobre movimento: a fé cristã deve encarnar-se constantemente em novos valores culturais e, em pé de igualdade, pode-se dizer que as culturas devem assumir a mensagem evangélica.

Isso não obstante, é importante observar que o diálogo implica interlocutores conscientes de sua própria identidade. A fé cristã e a teologia não podem renunciar a suas fontes e a sua personalidade para entrar em contato com outros pontos de vista. Ter convicções firmes não é obstáculo ao diálogo; é, antes, uma condição necessária. Acolher não por mérito próprio, mas por graça de Deus, a verdade de Jesus Cristo em nossas vidas não somente não invalida nosso trato com pessoas de outras perspectivas, mas lhe confere seu autêntico sentido. Perante a perda de referências que alguns parecem viver, é importante recordar que a identidade, uma identidade humilde e aberta, é um componente essencial de uma espiritualidade.

O que acabamos de dizer pode parecer óbvio, mas estamos pensando nessa tendência que vemos, hoje, em muitas pessoas e cristãos que consideram que não haverá um autêntico diálogo se, de um modo ou de outro, não renunciarmos a nossas convicções e a nossa

---

[67] Algum tempo atrás, João Paulo II lembrava a necessidade de ter uma sensibilidade para o outro e de não temer a "diferença" (cf. discurso durante a 50ª Assembleia Geral das Nações Unidas, no dia 10 de outubro de 1995).

[68] Em seu eloquente discurso durante a segunda sessão conciliar, Paulo VI dizia: "Que o mundo saiba: a Igreja olha para ele com profunda compreensão, com sincera admiração e com sincero propósito não de o conquistar, mas de o servir; não de o desprezar, mas de o valorizar; não de o condenar, mas de o confortar e salvar." (29 de setembro de 1963). Perspectiva que não perdeu nada de sua atualidade.

apreensão da verdade. Essa atitude vem do temor – que infelizmente pode ser ilustrado com numerosos e dolorosos casos históricos – de impor à força um ponto de vista cristão. O perigo é real, é justo reconhecê-lo, mas a solução proposta é ineficaz. Além do mais, contrariamente ao que se supõe, é uma falta de respeito pelo destinatário de nossa comunicação do Evangelho, a quem devemos expressar com clareza nossas convicções, assim como lhe mostramos nosso respeito pelas suas.

O ceticismo, o relativismo, "o pensamento fraco" não conseguem encontrar a linguagem adequada para um diálogo realmente respeitoso e proveitoso. O grande desafio é saber levá-lo a bom termo sem ocultar nem rebaixar as verdades em que cremos, e suas consequências. É uma exigência de fé e de honestidade.[69] Contudo, uma vez mais, tendo dito isso, é preciso ter uma grande capacidade de escuta e de abertura ao que o Senhor pode dizer-nos a partir de outros ângulos humanos, culturais e religiosos. Em um paradoxo somente aparente, poderíamos dizer que a capacidade de ouvir os outros é tanto maior quanto mais firme for nossa convicção e mais transparente nossa identidade cristã.

A opção preferencial pelos pobres e excluídos, fundamental na mensagem bíblica, é, hoje, um elemento essencial da identidade cristã e eclesial. Sua referência ao Pai celeste, que nos concede o dom de seu Reino e sua justiça, é básica, seu fundamento cristológico é claro e evidente;[70] ela leva o selo do amor e da liberdade que nos traz o

---

[69] É possível observar em nossos dias a importância de um ponto que resta esclarecer no diálogo com as grandes religiões da humanidade, que vale igualmente em alguns casos – poucos, é verdade, mas relevantes – na América Latina. Trata-se de Jesus Cristo, o Filho de Deus feito homem, um de nós na história, judeu, filho de Maria, pertencente a um povo determinado. A historicidade de Jesus pode criar problemas para perspectivas religiosas que acham difícil aceitar elementos que julgam virem de fora de suas tradições culturais. Apesar disso, o caráter histórico da encarnação é um elemento central da fé cristã. Seria preciso aprofundar, ademais, e para todos os casos, o que significam, em matéria de ideias, as categorias de "dentro" e de "fora" de nossa própria história.

[70] Perspectiva que se encontra desde os primeiros passos da pré-história recente da expressão opção preferencial pelos pobres. Cf. o texto completo da intervenção do cardeal G. Lercaro, que teve de ser abreviada para sua apresentação na primeira sessão conciliar, no dia 6 de dezembro de 1962, em: *Per la forza dello Spirito* (Bologna: Edizioni Dehoniane, 1984), pp. 113-122.

Espírito Santo. A mencionada opção constitui um fato de identidade eclesial. Contribui, desse modo, a partir de um traço próprio da mensagem cristã, para o diálogo com outras perspectivas no seio da comunidade eclesial e fora dela. Aprofundar, na linha de uma humilde, mas firme identidade cristã e eclesial, e levar adiante, assim, uma fecunda evangelização é uma das exigentes tarefas da teologia hoje perante muitas incertezas, questionamentos e também possibilidades do mundo atual. Isso vale também, certamente, para a Teologia da Libertação.

3.6. Uma ética da solidariedade

Os índios da América Latina têm uma prática secular de solidariedade e reciprocidade. Temos em mente, por exemplo, os serviços temporários mútuos, prestados entre os membros de uma mesma comunidade.[71] Há muito o que aprender com essa experiência, que não pertence somente ao passado, mas que possui uma clara vigência em nossos dias.

Ademais, em tempos recentes, o termo solidariedade e a reflexão sobre ele são temas frequentes no continente. Para os cristãos, a solidariedade expressa um amor eficaz por todos e em particular pelos mais indefesos da sociedade. Não se trata somente de gestos pessoais; a solidariedade é uma exigência para todo o conjunto social, e significa um compromisso de toda a Igreja.

Hoje o assunto assume proporções internacionais. E é tanto mais urgente porque poderosas correntes de pensamento ligadas ao neoliberalismo e à pós-modernidade desacreditam e rechaçam, em nome de um individualismo radical, o comportamento solidário. Consideram-no arcaico, ineficaz e inclusive – posto que nos pareça estranho – contraproducente para o desenvolvimento dos povos, em especial para seus membros mais desvalidos. Daí sua valorização do egoísmo

---

[71] Chama-se *Mink'a*, no mundo andino. Cf. MEYER, E. Las reglas del juego en la reciprocidad andina. In: ALBERTI, G.; Meyer, E. (org.). *Reciprocidad e intercambio en los Andes peruanos* (Lima: IEP, 1974), pp. 37-65.

– não temem usar a palavra –, que consideram um estímulo para a atividade econômica e de acumulação de riquezas que, segundo essas correntes de pensamento, em nada afeta aos pobres. Por outro lado, porém, esse é um elemento que converge com o anterior: o setor da humanidade fascinado pelas novas formas de conhecimento tende a fechar-se em si mesmo e a romper a solidariedade com aqueles com os quais se comunica cada vez menos.[72]

João Paulo II, desde sua carta sobre o trabalho humano, fez repetidos apelos à solidariedade. Entre os próprios trabalhadores, entre os pobres em geral e, claro está, entre países ricos e pobres. Em seu texto acerca do terceiro milênio, partindo de Lucas 4,16-20, mostra o significado que tem para a situação mundial o tema bíblico do Jubileu, precisamente como expressão de solidariedade, porque é "um tempo dedicado de modo particular a Deus" (*Tertio millennio adveniente*, n. 11).

No texto lucano, baseado, como sabemos, em Isaías (61,1s – nota do tradutor alemão), o tema chave é a liberdade. A ela aludem três de seus enunciados (*libertação dos cativos, vista aos cegos* – ou seja, aos prisioneiros, segundo o texto hebraico do profeta –, *liberdade dos oprimidos* [sublinhado do tradutor alemão]). A liberdade de toda forma de morte (pecado, opressão) está ligada à igualdade que é necessário recomeçar a estabelecer em um ano de graça, que outra coisa não é senão um tempo de solidariedade. Tudo isso constitui a matéria da Boa-Nova que deve ser anunciada aos pobres. Inspirando-se nessa passagem, João Paulo II incentiva a proclamar novamente, com palavras e obras, a mensagem messiânica de Jesus.

Duas consequências têm interesse particular para nosso compromisso e nossa reflexão teológica. A primeira diz respeito à atualização e ao aprofundamento de um tema de enraizamento bíblico e patrístico: o destino universal dos bens da terra. Hoje, mais do que

---

[72] Cf. as observações de E. Arens a respeito, em: Neoliberalismo y valores cristianos. *Páginas* 137, pp. 47-59 (fev. 1996).

Ao lado dos pobres

nunca, é oportuno recordar que Deus deu a todo o gênero humano o necessário para seu sustento. Os bens deste mundo não pertencem com exclusividade a determinadas pessoas ou grupos sociais, quaisquer que sejam sua posição na sociedade ou seus conhecimentos; eles pertencem a todos. Somente nessa moldura se pode aceitar a apropriação privada do necessário para a existência e do conveniente para melhor ordem social.

O assunto esteve presente desde os começos da recente doutrina social da Igreja (cf. Leão XIII), mas sua gravitação se fez cada vez maior e adquire novos alcances.[73] Diante de uma ordem econômica apresentada como ordem natural que se autorregula – movido pela famosa "mão invisível" – em benefício de todos, que faz do lucro e do consumo um motor incondicional da atividade econômica, que depreda a terra e está em busca de lugares onde depositar o lixo industrial, a declaração de que os bens deste mundo têm um destino universal deve ser trabalhada e aprofundada.

Contra o que alguns possam pensar ou objetar, uma reflexão sobre essa questão mostrará que não se trata de uma visão ilusória e romântica da convivência social. É, antes, um enfoque chamado a mobilizar as energias pessoais por razões de fé no Deus da vida, da solidariedade humana e também – é importante demarcar – por eficácia histórica.[74] Temos exemplos claros desse empenho em nossos dias. Caso se queira, esta é uma perspectiva utópica, mas no sentido realista do termo, que rejeita uma situação desumana e se propõe relações de justiça e de cooperação entre as pessoas.[75] Empregue-se ou não o termo utopia, o importante é não se conformar com o so-

---

[73] Cf. JOÃO PAULO II, *Centesimus anno*, n. 30-87, e a Carta apostólica *Tertio millennio adveniente*, n. 13 e 51.

[74] Cf. as interessantes experiências e reflexões acerca de uma economia popular solidária apresentadas por L. Razeto, em *Economía Popular de Solidaridad* (Santiago: Área Pastoral Social da Conferência Episcopal do Chile, 1986) e *Crítica de la economía, mercado democrático y crecimiento* (Santiago: Programa de Economia do Trabalho, 1994).

[75] Cf. a descrição e a reflexão sobre valiosas experiências que vão nesse sentido, apresentadas por Carmen Lora, *Creciendo en dignidad. Movimiento de comedores autogestionarios* (Lima: IBC/CEP, 1996).

Onde dormirão os pobres?

frimento, a fome, a falta de liberdade de tantos e a ausência de transparência democrática em muitas nações. É substancial, também, estarmos convencidos de que os progressos reais da humanidade nos permitem vislumbrar a possibilidade de forjar uma situação diferente da atual.

A segunda consequência que nos interessa destacar é a que se refere ao sufocante problema da dívida externa. Está claro que os países pobres não podem pagá-la senão ao preço da vida e da dor de enormes camadas de sua população. Por isso, o assunto é, antes de tudo, ético. De algum modo, toda questão econômica importante, que afeta a vida das pessoas, é uma questão ética. Contudo, no problema da dívida, estamos diante de algo tão evidente, que se revela monstruoso pretender que se limite a uma questão técnica. Sem dúvida, as responsabilidades estão aqui partilhadas. Ainda que, por certo, a crise dos anos 1970 tenha empurrado as agências internacionais, os bancos e os países a colocarem seu dinheiro nas nações pobres, não podemos ocultar a parte que toca aos dirigentes políticos e aos que manejavam a economia dos povos em vias de desenvolvimento.

No entanto, é evidente que o pagamento da dívida deixaria – já está deixando – milhões de pobres sem um lugar para dormir. Muitas razões podem ser aduzidas para o perdão dela.[76] Contudo, a mais decisiva é a ética, a vida e a morte de tantas pessoas. O magistério eclesial pronunciou-se claramente a respeito disso.[77] A Igreja,

---

[76] De ordem histórica, por exemplo, dadas as relações econômicas assimétricas – por assim dizer – entre os países ricos e aqueles que foram suas colônias durante séculos. Décadas atrás, J. M. Keynes fez, com toda a seriedade, um cálculo inquietante. De acordo com o economista inglês, se se tivesse colocado o tesouro roubado da Espanha pelo pirata Drake, em fins do séc. XVI (assim diz Keynes em referência a uma parte – pequena, em fins de contas – do ouro proveniente do que hoje chamamos América Latina e Caribe), aos modestos juros de 3,25%, em 1930 a soma resultante representaria o total dos investimentos da Inglaterra no exterior (cf. Economic possibilities for our grandchildren. In: op. cit., pp. 323-324).

[77] Cf. JOÃO PAULO II, *Centesimus annus* (como na nota 7), n. 35 e *Tertio millennio adveniente* (como na nota 73), n. 51 (que fala de "remissão total"); PONTIFÍCIA COMISSÃO DE JUSTIÇA E PAZ, "A serviço da comunidade humana: uma consideração ética sobre a dívida internacional" (instrumento de trabalho, 1986) e Santo Domingo, n. 197-198.

Ao lado dos pobres

presente a um tempo nos países ricos e nas nações pobres, tem importante papel nesse assunto.

A data simbólica (as grandes datas históricas sempre o são) do ano 2000 é realçada pelo Jubileu que se propõe na *Tertio millennio adveniente*.[78] O significado bíblico da alegria perante o amor do Senhor, da proclamação da liberdade, do restabelecimento da igualdade e da justiça e do anúncio da Boa-Nova aos pobres é um chamado à solidariedade e à reflexão. E também à criatividade para não se quedar em uma celebração frívola de mudança de milênio. A sorte dos pobres e excluídos, e o que isto implica quanto à nossa fidelidade ao Deus de Jesus Cristo, apresenta-se como um exigente e fecundo desafio para a teologia da libertação e para a teologia em geral.

3.7. O Deus da vida

A pobreza, a que nos referimos anteriormente, significa, em última instância, morte. Morte física de muitas pessoas e morte cultural de muitas outras que são desdenhadas.[79] A percepção dessa situação fez com que, há algumas décadas, surgisse com força, em nós, o tema da vida, dom do Deus de nossa fé. O surgimento prematuro do assassinato de cristãos, devido a seu testemunho, tornou a Teologia da Libertação ainda mais urgente.[80] Uma reflexão sobre a experiência de perseguição e de martírio deu vigor e envergadura a uma teologia da vida, permitindo compreender que a opção pelos mais pobres é, justamente, uma opção pela vida.

---

[78] Para um estudo bíblico do tema do Jubileu no que diz respeito a sua relação com a mensagem de Jesus, cf. Sharon Ringe, *Jesus, Liberation, and the Biblical Jubilee. Images for Ethics and Christology* (Philadelphia: Fortress Press, 1985).

[79] É interessante ver como a perspectiva de morte e de vida entra em consideração no campo da economia. Cf., do notável estudioso Amartyra Sen, La vida y la muerte como indicadores econômicos. In: *Investigación y Ciencia*, pp. 6-13 (jul. 1993).

[80] A observação de João Paulo II – "No final do segundo milênio, *a Igreja tornou-se novamente Igreja dos mártires*" – é de fácil compreensão na América Latina e no Caribe, hoje. Principalmente quando acrescenta: "*No nosso século, voltaram os mártires,* muitas vezes desconhecidos" (*Tertio millennio adveniente*, n. 37) [ênfase no original]. Contudo, trata-se, sem dúvida, de uma afirmação válida também para outras regiões do mundo.

Uma decisão, em última instância, pelo Deus da vida, pelo "amigo da vida", como se diz no livro da Sabedoria (11,25). Nessas expressões, encontramos um modo de expressar a fé e a esperança que animam o compromisso cristão. A experiência concreta da violência e da morte injusta não tolera evasões ou considerações abstratas sobre a Ressurreição de Jesus, sem a qual nossa fé seria vã, no dizer de Paulo. Ela nos faz igualmente sensíveis ao dom da vida que recebemos de Deus, vida que compreende tanto os aspectos espirituais e religiosos como aqueles que costumamos chamar de materiais e corporais.

Por outro lado, a experiência desses anos ampliou as perspectivas da solidariedade social. A experiência deve ter consciência da importância de um vínculo respeitoso com a natureza. A questão ecológica não afeta apenas os países industriais, aqueles que provocam maior destruição no hábitat natural do ser humano. Cabe a toda a humanidade, como o demonstraram muitos estudos e inúmeros textos eclesiais. Diz-se, com razão, que o planeta Terra é um grande navio no qual todos somos passageiros. Apesar disso, a mesma imagem pode servir-nos para recordar que nesse barco comum estão os que viajam na primeira classe e os que o fazem na terceira. Ninguém escapa, por certo, à tarefa de evitar a destruição da vida em nosso entorno natural, mas, a partir desse chão, devemos estar atentos ao que toca aos mais fracos da humanidade. E afirmar, assim, nossa fé no Deus da vida, principalmente em meio a povos que sempre tiverem um sentido sagrado da terra.

Essa perspectiva pode recorrer às correções que a Bíblia introduz antecipadamente a uma interpretação abusiva do "dominai a terra" (cf. Gn 1,28). Essa interpretação construiu o mundo ocidental moderno, através daquilo que Habermas chama de a razão instrumental. Encontramos tais correções, por exemplo, no livro de Jó, cujo autor afirma que o centro e o sentido de todo o criado não é o ser humano, mas o amor gratuito de Deus. Uma teologia da criação e da vida pode insuflar oxigênio na teologia que se faz a partir da preocupação pela justiça, ajudando-nos, por conseguinte, a ampliar o horizonte.[81] Aqui há uma tarefa que é, com certeza, fecunda para a reflexão teológica sobre a libertação.

Essa tarefa nos fará mais sensíveis às dimensões estéticas do processo de libertação integral, e que, por isso mesmo, quer levar em consideração todos os aspectos do ser humano. O direito à beleza é uma expressão – e, de certo modo, urgente – do direito à vida. O ser humano está sujeito a necessidades, mas também a desejos, e nisso têm razão os pós-modernos. Nossa dimensão corporal nos une de modo especial ao mundo natural. É fonte de gozo do dom da vida. Contudo, é igualmente apelo: o corpo, muitas vezes famélico e sofredor do pobre, também geme na ansiosa espera da "revelação dos filhos de Deus", como diz Paulo em um texto belo e um tanto misterioso (Rm 8,19).

Uma manifestação do compromisso com a vida é a defesa dos direitos humanos. Os governos ditatoriais da América Latina e do Caribe, na década de 1970, levaram a que muita energia fosse despendida nesse esforço. Era um caminho para postular uma necessária convivência democrática. Devido a isso, não se limitou a denunciar os abusos flagrantes de autoridade, mas logo apontou com o dedo a instabilidade política e a injustiça social que constituem o caldo de cultivo de outras violências.

É vantajoso lembrar aqui uma nota de João Paulo II a respeito do "ambiente humano" (depois de ter tratado do ambiente natural) que o leva a falar de "ecologia humana" em relação à estrutura social (cf. *Centesimus annus*, n. 38-39).[82] Estamos aqui diante de um tema central, e cheio de novidade, para a vida considerada como um dom de Deus.

---

[81] Cf. MOLTMANN, J. *Zukunft der Schöpfung* (München: Kaiser Verlag, 1977); COSTE, R. *Dieu et l'écologie* (Paris: Editions de l'Atelier, 1994). E, em uma perspectiva latino-americana: BOFF, L. *Ecología. Grito da Terra. Grito dos pobres* (Sao Paulo: Ática, 1996).

[82] Nessa ecologia humana, dever-se-á levar em conta a poluição que vem da corrupção que se dá em altos níveis do poder político e econômico. Uma verdadeira enfermidade que, embora presente também nas nações industrializadas, é capaz de fazer desmoronar os tímidos esforços de desenvolvimento dos países pobres.

A teologia tem diante de si uma tarefa importante para aprofundar a fé em um Deus não do temor, mas, como diz A. Camus, "que ri com o homem nos brinquedos calorosos do mar e do sol". Um Deus da vida e da alegria.

Conclusão

O tempo presente faz-nos ver a urgência de algo que pode parecer muito elementar: dar sentido à existência humana. Diversos fatores observados ao longo destas páginas concorrem para debilitar ou desvanecer os pontos de referência que fazem com que as pessoas de hoje, talvez em particular os jovens, vejam com dificuldade o porquê e o para quê de sua vida. Sem isso, entre outras coisas, a luta por uma ordem social mais justa e pela solidariedade humana perdem energias e carecem de estímulo.

Uma tarefa fundamental do anúncio do Evangelho hoje é contribuir para dar sentido à vida. Nos primeiros momentos do trabalho teológico na América Latina, talvez tenhamos dado esse ponto por descontado e conquistado, como também considerávamos como algo evidente o encorajamento através da fé e a afirmação de verdades fundamentais da mensagem cristã. Seja lá como tenha sido, o certo é que, no momento presente, é necessário inquietar-se pelas bases mesmas da condição humana e da vida de fé.

Uma vez mais, parece-nos que o compromisso com o pobre, como opção centrada no amor gratuito de Deus, tem uma palavra importante a dizer sobre esse assunto. Ela coloca-se naquilo que, em páginas anteriores, qualificávamos como uma tensão entre mística e solidariedade histórica. Isso outra coisa não é senão uma maneira, talvez um tanto abstrata, de repetir o que o Evangelho diz com toda simplicidade: o amor a Deus e ao próximo resume a mensagem de Jesus.[83]

---

[83] COMBLIN, J. *Cristãos rumo ao século XXI. Nova caminhada de libertação* (São Paulo: Paulus, 1996).

Isso é o que realmente importa. Devo confessar que estou menos preocupado pelo interesse ou pela sobrevivência da Teologia da Libertação que pelos sofrimentos e pelas esperanças do povo a que pertenço, e especialmente pela comunicação da experiência e da mensagem de salvação de Jesus Cristo. Esta última é matéria de nossa caridade e de nossa fé. Uma teologia, por mais relevante que seja seu papel, não passa de um meio para aprofundar-se nesse amor e nessa fé. Por essa razão, trata-se, efetivamente, de proclamar a esperança ao mundo no momento que vivemos como Igreja.

Capítulo VI

O futuro comum da Igreja: solidariedade em Cristo

GERHARD LUDWIG MÜLLER

Para nós, europeus, as contribuições de Gustavo Gutiérrez nos mostraram claramente que a injustiça no mundo é um fator persistente, que só pode ser superado pela disposição em direcionar o olhar de todas as pessoas para Cristo. As questões decisivas do ser humano a respeito de seu futuro, de sua meta e da forma de sua existência encontram sua plenitude e sua decifração na prontidão de reconhecer Cristo como Senhor e realizador do ser humano. Ora, aqui também se encontra um novo impulso para a teologia europeia. A orientação para Jesus Cristo, o redentor e libertador de toda a humanidade, tornou-se o topo evidente de toda teologia.

Contudo, compreendemos adequadamente as condições de vida dos países da América do Sul? A deprimente pobreza que custa diariamente a vida de milhares de crianças, idosos e doentes porque não existe uma estrutura básica de cuidados essenciais à vida? Ou conhecemos o medo que sentem as pessoas, prisioneiras de sua enfermidade, e que frequentemente devem aceitar como saída a silenciosa chama da esperança da morte, enquanto sabem, ao mesmo tempo, que, na Europa, o aparato médico, mediante uma pequena intervenção, salvaria sua vida?

Às necessidades e aos perigos existenciais, acrescenta-se a precária formação como forma humilhante da opressão consciente. E pode ser precisamente um aspecto da opressão consciente dos pobres não reconhecer como problema essa séria causa da pobreza, nem corrigi-lo. A educação escolar, que se tornou algo natural em vastas parte do mundo, produz um sentimento de superioridade em relação aos países do assim chamado terceiro mundo. Não estão fincadas aí as raízes da exploração, tanto intelectual quanto material?

No entanto, causa admiração quando se experimentam e se vêm a alegria e a vivacidade da fé no contato imediato com as pessoas na América do Sul. Com frequência, a fé testemunhada e transmitida com amor está entre os maiores tesouros justamente dessas pessoas que se acham premidas pelas preocupações diárias com a própria vida.

Em diversos encontros, essa fé alegre e vívida tornou-se, ela mesma, estímulo e inspiração para mim. Refletir sobre as condições vitais do ser humano. Entregar-se a Deus, o criador e realizador de todos os seres humanos. O sofrimento cotidiano é a realidade que leva as pessoas na América do Sul a pronunciar a petição do Pai-Nosso pelo pão de cada dia. O que leva a mover os lábios não é a saciedade consumista, mas a imensa fome.

Na tensa situação econômica e política dos países da América Latina, na Igreja é que as pessoas veem sua única esperança e um pouco de proteção e de segurança existencial. Essas pessoas na América Latina partilham com ela toda a sua biografia. Perante a evidência de confessar sua fé, de exercitá-la, diante da confiança que é manifestada à Igreja e à teologia, amiúde os problemas indicados são considerados temas insignificantes por representantes da teologia alemã e da instituição eclesial. Não é assim que, na Alemanha, a "crítica" destrutiva e irritante à Igreja quase se erigiu em crítica ao que é propriamente cristão? Não podemos aqui aprender das pessoas que se confiam à Igreja, porque nela veem o ponto de referência luminoso de sua vida? Alguns teólogos civis e estabelecidos na Alemanha põem-se, eles próprios, a caminho. De um lado, estimulam a um recomeço, a um despertar da Igreja no novo milênio; ao mesmo tempo, bloqueiam-se com complexos de temas que impedem justamente esse despertar. A Igreja, pois, é interessante e digna de fé, quando se compreende como sacramento no mundo e para o mundo (*Lumen gentium*, n. 1), que cria o laço inviolável com Deus e, assim, conduz o ser humano a seu próprio destino. A radicalidade do anúncio eclesial reside, no entanto, em sua alteridade em relação ao mundo. Ela desmascara a ênfase que o ser humano dá à vida neste mundo, o que, em última consequência, priva-o de sua posição fundamental própria como criatura de Deus. A partir da criatualidade, segue-se sua personalidade, sua dignidade que, em referência a Deus, obtém sua inviolabilidade e sua indisponibilidade. Em vez de persistir em exigências sempre recorrentes que, perante a necessidade das pessoas na América Latina, tornam-se completamente insignificantes, seria apropriado apontar para a luminosidade da fé que nos redime a todos.

O compromisso da Igreja na América do Sul é indiscutivelmente grande. O zelo e a prontidão de empenhar-se pelos interesses justamente dos mais pobres são realmente fé transformadora e viva. A responsabilidade é grande. Diversas seitas e grupos pseudorreligiosos vão ao encontro das pessoas. Nesse caso, oferecer ajuda é uma tarefa importante, que os cristãos europeus poderiam realizar, porque as comunidades sul-americanas, sem meios financeiros, ficam desamparadas diante das seitas financeiramente fortes. A Igreja serve à consolidação global na medida em que cria uma unidade em um nível completamente diferente daquele que os meros laços naturais permitem.

Ao lado dos pobres

Minha especial gratidão vai para meu amigo Gustavo Gutiérrez. Nas décadas passadas, ele explicou as estruturas centrais, criadoras de coerência da assim chamada Teologia da Libertação, e apresentou, em diversas edições, uma visão de conjunto. A lembrança da Teologia da Libertação, por vezes fortemente discutida, não é, porém, nenhum capítulo concluído da história da teologia. Justamente Gustavo Gutiérrez nos explica, com a dilatação de nossa perspectiva concentrada na Europa, o que significa ser Igreja universal. Com a Teologia da Libertação, a Igreja Católica pôde expandir sua pluralidade interna. A teologia da América Latina revela aspectos novos, adicionais na teologia, os quais ficam de lado, de forma complementar, em uma expressão frequentemente incrustada na Europa.

O discurso eclesiológico da *communio*, da comunhão universal da Igreja, que está acima das categorias étnicas e nacionais, é também a tentativa de levar comunhão universal dos fiéis a uma solidariedade responsável. "Em verdade vos digo: cada vez que o fizestes a um desses meus irmãos mais pequeninos, a mim o fizestes" (Mt 25,40). Como cristãos, não devemos fugir a essa responsabilidade. Não devemos ficar cegos à necessidade e à pobreza que nossos irmãos e irmãs na fé em Jesus Cristo devem padecer. O Concílio Vaticano II, em sua Constituição pastoral sobre a Igreja no mundo de hoje, expressou a responsabilidade universal dos cristãos com as seguintes palavras: "A alegria e a esperança, a tristeza e a angústia dos homens do tempo atual, sobretudo dos pobres e de todos os aflitos, são também a alegria e a esperança, a tristeza e a angústia dos discípulos de Cristo" (*Gaudium et spes*, n. 1). O concílio vê-se comprometido com uma família humana estreitamente unida. A catolicidade a que se alude aqui em sua descrição original como universal, que abrange tudo, encontra também na Constituição sobre a Igreja sua sedimentação, na qual se fala das "presentes condições" que "tornam mais urgente esse dever da Igreja, a fim de que os homens, hoje mais intimamente unidos por vários vínculos sociais, técnicos e culturais, alcancem também total unidade em Cristo" (*Lumen gentium*, n. 1).

A única Igreja de Jesus Cristo ultrapassa as barreiras separadoras dos muros nacionais, étnicos e políticos, e conduz os seres humanos à íntima união com Deus e entre si (cf. igualmente *Lumen gentium*, n. 1). A Bíblia descreve Cristo como Salvador, que nos traz libertação e redenção. Ele liberta o ser humano do pecado de ordem pessoal e estrutural, que, em fins de contas, é a causa da ruptura da amizade, a causa de toda injustiça e opressão. Somente Cristo nos liberta para a liberdade, conduz-nos à liberdade que nos foi doada por Deus. A partir dessa liberdade, somos chamados a ajudar os seres humanos, visto que todo pobre e necessitado é nosso próximo.

Assim, gostaria de entender este livro como contribuição para a superação da indiferença diante do sofrimento e da miséria de nossos irmãos e irmãs, mas também como sistema de coordenadas para a correta ordenação da Teologia da Libertação. Ela dirige nosso olhar para Cristo que, como nosso salvador e redentor, é a meta para a qual devemos esforçar-nos incessantemente. Certa vez, Gustavo Gutiérrez – de forma simples e bíblica – assim o expressou: "Ser cristão consiste em seguir Jesus".

Seguimento significa um agir concreto. "Mas quem pratica a verdade vem para a luz, para que se manifeste que suas obras são feitas em Deus" (Jo 3,21). Com isso, o próprio Senhor nos dá a instrução de comprometer-nos de maneira imediata com os pobres. A prática da verdade leva-nos para o lado dos pobres.

Impresso na gráfica da
Pia Sociedade Filhas de São Paulo
Via Raposo Tavares, km 19,145
05577-300 - São Paulo, SP - Brasil - 2017